100 ÜBERRASCHENDE FAKTEN FÜR COOLE KIDS

SPANNENDES WISSEN FÜR CLEVERE JUNGS UND MÄDCHEN

SIGNIFANT VERLAG

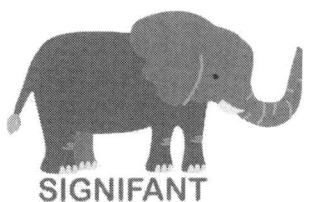

Impressum

Autor: Signifant Verlag, André Voget, Erlenhofstraße 25, 56235 Ransbach-Baumbach, Deutschland • www.signifant.de

Grafiken kommerziell lizenziert von Freepik und Shutterstock.

ISBN 978-3-948577-12-4 (eBook)

ISBN 978-3-948577-13-1 (Taschenbuch)

INHALT

VORWORT

- **Was passiert, wenn man Ratten kitzelt?**
- **Wie kann man Zwillinge unterscheiden?**
- **Warum schnarchen Astronauten nicht?**
- **Was war das verrückteste Fußballspiel?**
- **Wie überlebt man alleine auf dem Meer?**
- **Welche 7 Dinge kannst du nicht gleichzeitig tun?**

Die Antworten auf diese Fragen findest du in diesem verrückten und unterhaltsamen Buch. Entdecke einhundert überraschende Fakten in diesen zehn Themenbereichen:

Sport, Weltraum, Mensch, Wissenschaft, unsere Welt, Geschichte, Schule, Sprache, Essen und Tiere.

Viele Bilder, eine einfache Sprache und kurze Texte machen das Buch auch für Lesemuffel zum Vergnügen. Wenn du Rätsel magst, dann wirst du das große Wissens-Quiz am Ende des Buches lieben!

Und jetzt viel Spaß mit 100 verrückten, kuriosen, spannenden und überraschenden Fakten!

1

DER ERSTAUNLICHE KLANG VON GEPARDEN

TIERE

Geparden sind die schnellsten Landtiere der Welt. Als Raubtiere erwartet man von ihnen zwar kein donnerndes Röhren wie von einem Löwen, aber wenigstens doch **ein lautes Fauchen. Aber nein.**

Der Gepard kann ein kurzes, hohes Ziepen ausstoßen wie ein kleines Vögelchen. Gepardenmütter rufen mit diesem Laut ihre Jungtiere, denn das Geräusch ist zwei Kilometer weit zu hören.

Auch die Gepardenmännchen nutzen den Laut. Sie orten damit andere Geparden in der Gruppe. Interessant: Mit einem stotternden Geräusch zeigen sie Interesse an einem Weibchen.

Bei freundschaftlichen Begegnungen oder satt von einer Mahlzeit schnurrt der Gepard – so wie unsere Hauskatzen. Zum Streicheln des Raubtieres lädt dieses sehr laute Geräusch trotzdem nicht ein.

DIE SCHNELLSTEN SPORTOBJEKTE DER WELT

SPORT

Was bewegt sich schneller: ein Fußball, ein Tennisball oder ein Golfball? Vergleiche:

• Platz 10: Der **Tischtennisball** fliegt bis zu 116 Kilometer pro Stunde schnell. Das ist trotzdem vergleichsweise langsam.

• Platz 9: Der Rekord für den **Kricketball** liegt bei 161 km/h.

• Platz 8: Ein **Baseball** erreicht bis zu 174 km/h.

• Platz 7: Der **Hockeyball** fliegt mit bis zu 183 km/h.

• Platz 6: Der **Fußballer** Ronny von Sporting Lissabon, Portugal, schoss 2006 einen Freistoß mit 210 km/h ins Tor. Bis heute unerreicht.

• Platz 5: Samuel Groth schlug einen **Tennisball** mit 263 km/h.

• Platz 4: Der Rekord im **Squash** liegt bei 281 km/h.

• Platz 3: Rekord im **Jai Alai** (mit Squash verwandt): 302 km/h.

• Platz 2: **Golf** gilt als eher langsamer Sport, aber der Amerikaner Ryan Winther schlug 2013 den Golfball 339 km/h schnell.

• Platz 1: Auf diese Sportart haben sicher die wenigsten gewettet. Im Jahr 2013 schlug der Malaysier Tan Boon Heong beim Ausprobieren eines neuen **Badminton**-Schlägers den Ball 493 km/h schnell – das ist 10 km/h schneller als das schnellste Auto der Welt.

WO MAN MIT KAKAO BEZAHLTE

ESSEN

Zwischen dem 14. und 16. Jahrhundert waren die Azteken einer der fortschrittlichsten Völker Mittelamerikas.

Die Azteken betrieben einen regen Warenhandel. Um Waren zu kaufen oder zu verkaufen, brauchte man ein Tauschmittel, das wertvoll war.

Teure Waren wurden daher mit seltenem Goldstaub bezahlt. **Dinge des alltäglichen Lebens hingegen bezahlte man mit Kakaobohnen.**

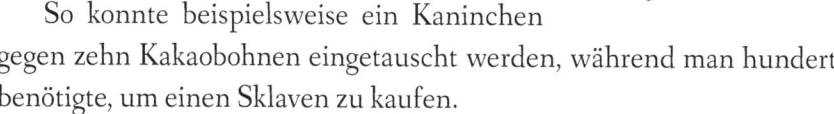

So konnte beispielsweise ein Kaninchen gegen zehn Kakaobohnen eingetauscht werden, während man hundert benötigte, um einen Sklaven zu kaufen.

Kakaobohnen waren wertvoll, weil es schwierig war, Kakao anzubauen. Vor allem die geringe Ernte machte den Kakao zu einem teuren Rohstoff.

Wie bei jeder Währung wurde auch mit Kakaobohnen betrogen. Die Bohnen wurden geleert und mit Schlamm bis zum ursprünglichen Gewicht aufgefüllt. So blieb dem Fälscher das wertvolle Kakaopulver.

WARUM ASTRONAUTEN IM WELTALL NICHT SCHNARCHEN
WELTRAUM

Die amerikanische Astronautin Megan McArthur freute sich auf den Flug in den Weltraum. Zwei Jahre lang trainierte sie bereits mit sechs männlichen Kollegen, um im Weltall das Hubble Space-Teleskop zu reparieren. Nur eine Sache bereitete ihr Sorgen. **Ihr Kollege Mike Massimino schnarchte fürchterlich.**

Auf der Erde wäre das Schnarchen kein großes Problem. Sie könnte leicht das Zimmer wechseln, wenn jemand die Nachtruhe störte. Im beengten Space Shuttle-Raumschiff aber mussten sich sieben erwachsene Astronauten einen kleinen Schlafplatz teilen.

Die Wissenschaftler auf der Erde versprachen der Astronautin, dass kein Schnarchen ihren Schlaf stören würde. Und sie behielten Recht.

Schnarchen entsteht, wenn die Schwerkraft die Zunge nach hinten zieht. Dann sind die Atemwege verstopft, das Gewebe im Rachen flattert, und das typische Schnarchgeräusch entsteht.

Im Weltall hingegen gibt es weniger Schwerkraft, so dass die Zunge nicht in den Rachen fällt. Megan McArthur konnte durchschlafen.

SIEBEN DINGE, DIE DU NICHT GLEICHZEITIG TUN KANNST

MENSCH

Es gibt einige Dinge, die dein Körper nicht gleichzeitig tun kann:

1. Du kannst nicht gleichzeitig atmen und schlucken. Die Luft und das Essen benutzen denselben Teil deiner Kehle.
2. Du kannst nicht summen, während du deine Nase zuhältst.
3. Du kannst nicht deinen Ellenbogen lecken. Versuche es ruhig einmal.
4. Du kannst deine Nase nicht mit der Zunge berühren.
5. Du kannst nicht die Augen offenhalten, während du niest.
6. Du kannst dich nicht selbst kitzeln.
7. Setze dich auf einen Stuhl. Hebe deinen rechten Fuß und mache Drehbewegungen im Uhrzeigersinn (also rechts herum). Versuche nun gleichzeitig mit deiner rechten Hand eine große »6« in die Luft zu malen.

KETCHUP WAR FRÜHER EIN MEDIKAMENT

ESSEN

Warum steht auf Ketchup-Flaschen immer, dass es sich um »Tomatenketchup« handelt? Besteht Ketchup nicht immer aus Tomaten?

Eine lange Zeit nicht. Im 16. Jahrhundert entdeckten britische Seeleute das chinesische Rezept und brachten es in unsere Welt.

Als die Briten das Rezept anpassten, machten sie ihren Ketchup aus Sardellen. Damals herrschte in Europa eine schreckliche Angst vor Tomaten, denn sie galten als giftig.

Es dauerte eine lange Zeit, bis bewiesen war, dass Tomaten nicht giftig sind. Im Jahr 1834 erklärte ein Arzt aus Ohio, USA, **dass Tomaten eine schnelle Lösung für so ziemlich jedes Magen-Darm-Problem sei.**

Aus diesem Grund wurden Tomaten auch in Ketchup eingesetzt. Tomatenketchup wurde als Medizin statt als Gewürz verkauft.

In Deutschland wurde Ketchup erst nach 1945 durch amerikanische und britische Besatzungssoldaten breiter bekannt. Seit den 1950er Jahren ist Ketchup auch hierzulande weit verbreitet.

DIESES TIER HAT GRÜNES BLUT
TIERE

Die Insel Neuguinea liegt nordöstlich von Australien und ist doppelt so groß wie Deutschland. Sie ist sogar die zweitgrößte Insel der Welt – nach Grönland.

Da ist es nicht verwunderlich, dass die Insel die größte Artenvielfalt nach dem brasilianischen Amazonasgebiet hat, und dass viele Pflanzen und Tiere noch unerforscht sind.

Der amerikanische Biologe Christopher Austin entdeckte auf der Insel Eidechsen, die tatsächlich grünes Blut haben.

Beim Menschen und bei vielen Tieren wird der Sauerstoff im Blut durch Hämoglobin transportiert, das dem Blut seine rote Farbe gibt.

Wenn das Hämoglobin zerfällt, zerlegt die Leber es unter anderem in den Stoff Biliverdin. Dieser ist bei der Eidechse in großen Mengen vorhanden **und färbt das Blut grün.**

Und nicht nur das Blut. Auch die Knochen und das Gewebe sind grün – sogar die Zunge. Das ist ein deutliches Warnsignal, denn der grüne Stoff ist für uns Menschen schon in kleiner Dosis extrem giftig.

WASSER KOCHT BEI 100 GRAD CELSIUS, ODER?

WISSENSCHAFT

Wenn Wasser stark erwärmt wird, dann brodelt oder kocht es. Das geschieht bei einer Temperatur von 100 Grad Celsius. Ist das immer so?

Nein, nicht immer. Wenn Wasser kocht, dann ist der Luftdruck in den Wasserdampf-Blasen genauso hoch wie der Druck in der Umgebungsluft. Es hängt also nicht nur von der Temperatur, sondern auch vom Luftdruck ab, wann Wasser zu kochen beginnt.

Das ist gut zu wissen, wenn du mal den Mount Everest besteigen solltest, den höchsten Berg der Erde mit fast neun Kilometern über dem Meeresspiegel. Auf dem Gipfel ist die Luft so dünn und der Luftdruck so niedrig, dass Wasser schon bei 70 Grad Celsius kocht.

WIE LANGE TIERE SCHLAFEN

TIERE

Wie lange schlafen Tiere? Wie lange schläfst du? **Vergleiche deine Schlafenszeit mit der Tierwelt:**

- Braune Fledermaus: 20 Stunden
- Python-Schlange: 18 Stunden
- Mensch als Säugling: 16 Stunden
- Tiger: 15,8 Stunden
- Goldhamster: 14,3 Stunden
- Katze und Maus: 12,1 Stunden
- Hund und Ente: 10,7 Stunden
- Schimpanse: 9,7 Stunden
- Schwein: 7,8 Stunden
- Mensch als Erwachsener: etwa 7-8 Stunden
- Ältere Menschen: etwa 5,5 Stunden
- Kuh: 3,9 Stunden
- Asiatischer Elefant: 3,9 Stunden (afrikanische nur zwei)
- Pferd: 2,9 Stunden
- Giraffe: 1,9 Stunden

WAS PASSIERT, WENN MAN RATTEN KITZELT

TIERE

Für Kitzlige reicht schon das Androhen von spitzen Fingern, um Quieken hervorzurufen. **Das ist nicht nur bei Menschen so.**

Wissenschaftler führten Kitzelexperimente an Ratten durch. Es zeigte sich, dass sie genauso Spaß am Kitzeln haben wie wir. Sie kehrten immer wieder an den Ort zurück, an dem sie gekitzelt wurden.

Dabei machten sie wie wir Menschen Quietschgeräusche – allerdings im Ultraschallbereich, unhörbar für menschliche Ohren.

Interessant ist, dass Ratten ihre Freude am Kitzeln von ihrer Stimmung abhängig machten. Waren sie satt und zufrieden, quietschten sie umso mehr vor Freude.

VERRÜCKTE BERUFE, DIE ES NICHT MEHR GIBT

GESCHICHTE

Fortschritte in der Wissenschaft und neue Technologien führten dazu, dass einige Berufe, die früher sehr verbreitet waren, ausgestorben sind. Hier sind einige der verrücktesten Berufe von damals:

- **Bowlingbahn-Pin-Setzer** nannte man die Kinder, die auf Bowlingbahnen beschäftigt waren, von Hand die Pins für Kunden aufzustellen.
- Bevor sich moderne Kühltechniken durchsetzten, sägten **Eisschneider** das Eis auf gefrorenen Seen. Das Eis kauften dann Menschen für ihre Keller und Kühlschränke.
- **Lampenanzünder** benutzten lange Masten, um Straßenlaternen anzuzünden, zu löschen und zu betanken – bis elektrische Lampen eingeführt wurden.
- **Vorleser** wurden von einfachen Arbeitern angeheuert, um in Fabrikhallen voller Handarbeiter vorzulesen und die Arbeiter zu unterhalten.
- In Europa wurden **Rattenfänger** eingesetzt, damit sich Krankheiten nicht ausbreiteten.

WARUM SIND GULLYDECKEL RUND?

WELT

 **Ist dir schon mal aufgefallen, dass fast alle Gullydeckel in der Straße rund sind?** Warum das so ist, ist sogar eine beliebte Frage in Bewerbungsgesprächen. Das Unternehmen will damit testen, wie kreativ du nachdenken kannst.

Es gibt mehrere Gründe, warum Gullydeckel rund sind. Der wichtigste Grund ist, dass ein runder Deckel nicht in den Schacht fallen kann. Bei einer rechteckigen Form könnte der Gullydeckel in das Loch fallen, wenn man ihn diagonal einsetzte.

Ein weiterer Grund ist, dass sich Straßenbeläge bei Kälte zusammenziehen. Die Kreisform des Gullydeckels kann dem Druck des Zusammenziehens am besten widerstehen.

Drittens sind Gullydeckel sehr schwer, bis zu 130 Kilogramm, da sie aus Gusseisen und Beton bestehen. Durch die Kreisform kann der schwere Deckel an die gewünschte Stelle gerollt werden.

Der letzte Grund ist, dass es einfacher ist, heißes Metall in eine runde Form zu gießen als in eine Form mit scharfen Ecken.

So, jetzt bist du gut vorbereitet für vorwitzige Einstellungstests.

EINE ANDERE ART VON ÜBERRASCHUNGSKUCHEN

ESSEN

Sicher liebst du es, mit deinem Lieblingsessen überrascht zu werden, zum Beispiel mit einem Überraschungskuchen zu deinem Geburtstag.

Reiche Engländer im 16. Jahrhundert hatten jedoch eine andere Vorstellung, wenn sie einen »Überraschungskuchen« beim Konditor bestellten. Diese Kuchen enthielten als Überraschung lebende Tiere, die beim Anschneiden des Kuchens freigelassen wurden.

Zu den Tieren gehörten Amseln, Frösche, Eichhörnchen und sogar kleine Füchse. Um Platz für die Tiere zu schaffen, hatte der Kuchen im Inneren ein Holzgerüst. Der Kuchen war also hohl.

Der Konditor schnitt eine Falltür in den Boden und steckte das Tier in den Kuchen, zum Beispiel eine Amsel. Im Speisesaal wurde dann der obere Teil des Kuchens geöffnet, und der Vogel flog heraus.

ÜBERLEBEN IM WELTALL
WELTRAUM

Ein Raumanzug ist ein Kleidungsstück, der Menschen in der rauen Umgebung des Weltalls schützt. Er ersetzt die ausgeatmete Luft und pumpt frische Luft hinein. Außerdem schützt er vor der Sonne, die die Temperatur stark ansteigen lassen kann.

In Filmen wird oft dargestellt, dass ein Mensch augenblicklich stirbt, wenn der Raumanzug einen Riss bekommt oder beschädigt wird.

Richtig ist, dass der menschliche Körper für kurze Zeit ungeschützt im Weltraum überleben kann. Leider nur für etwa 15 Sekunden, dann wird man aufgrund des Luftmangels bewusstlos.

MENSCHLICHE WECKER

GESCHICHTE

Noch bevor der Wecker erfunden wurde, mussten Menschen pünktlich zur Arbeit erscheinen. Wie das funktionierte? **Durch andere Menschen, die als »Wecker« durch die Straßen zogen.**

Diese »Aufwecker« gab es in Großbritannien und Irland ab Mitte des 18. Jahrhunderts. Sie benutzten entweder einen kurzen, schweren Stock, um an die Türen der Kunden zu klopfen. Oder sie nahmen einen langen und leichten Stock, oft aus Bambus, um Fenster in höheren Stockwerken zu erreichen.

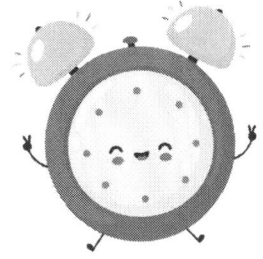

Der Aufwecker blieb solange an der Tür oder am Fenster, bis er überzeugt war, dass der Kunde wach war. Als Lohn erhielt der Aufwecker ein paar Pence pro Woche.

Es gab eine große Anzahl von Menschen, die diesen Job ausübten, vor allem in größeren Industriestädten wie Manchester.

Im Allgemeinen wurde die Arbeit von älteren Männern und Frauen erledigt, aber manchmal besserten sich Polizeibeamte ihr Gehalt auf, indem sie die Aufgabe während ihrer Patrouille am frühen Morgen erledigten.

WARUM DIR AUF REISEN SCHLECHT WIRD
MENSCH

Egal, wie schnell oder weit man reist, die Reisekrankheit ist eine Sache, vor der man nicht weglaufen kann.

 Manche Menschen erwischt es, wenn sie sich in einem fahrenden Auto, Zug, Bus oder Flugzeug befinden. Ihnen wird schwindlig und leicht übel. Was ist der Grund dafür?

Die Reisekrankheit entsteht, wenn deine Sinne Informationen ans Gehirn liefern, die sich widersprechen.

Wenn du beispielsweise im Auto liest, dann sehen deine Augen ein Buch, das sich nicht bewegt, aber dein Körper fühlt, dass du dich fortbewegst. Dasselbe Problem kann auch auf einem Schiff oder im Flugzeug auftreten.

Eine andere Ursache spielt sich im Kino ab, oder wenn du eine Virtual-Reality-Brille aufsetzt oder wenn du ein 3D-Spiel spielst. Du siehst Bewegungen, aber dein Körper fühlt sie nicht.

Glücklicherweise ist die Reisekrankheit nicht von Dauer. Dein Gehirn passt sich an die widersprüchlichen Informationen an, zum Beispiel auf hoher See nach zwei bis drei Tagen.

HONIG WIRD NIEMALS SCHLECHT
ESSEN

Hast du Honig zu Hause, der schon seit Jahren dort liegt? Dieser Honig muss nicht weggeworfen werden. Selbst wenn er 2000 Jahre lang in deiner Wohnung gelegen hätte, wäre der Honig immer noch so gut wie am ersten Tag.

Man hat Honig in altägyptischen Gräbern gefunden, und er war immer noch essbar. **Warum also wird der Honig nie schlecht?**

Honig ist antibakteriell. Das bedeutet, dass du dir keine Sorgen machen musst, dass in deinem Honig etwas Schräges wächst. Honig kann nur verderben, wenn er durch Feuchtigkeit verunreinigt wird.

Obwohl Honig nie verdirbt, kann er mit der Zeit seine Farbe verändern. Statt klar zu sein, wird er trüb. Auch seine Zusammensetzung kann sich ändern. Er wird dann dicker und körniger. Aber auch mit anderer Farbe und Zusammensetzung kannst du ihn problemlos essen.

WITZIGES ÜBER DIE DEUTSCHE SPRACHE, TEIL 1

SPRACHE

• Beim Verbinden von zwei Wörtern wird manchmal ein sogenannter Fugenlaut eingesetzt. Wann genau? Dazu gibt es keine Regel.

So sagt man zum Beispiel »Schafherde« und »Schafhirte«, aber eben auch »Schaf**s**käse« und »Schaf**s**ohren«. Oder »Rindfleisch«, »Rind**er**braten« und »Rind**s**wurst«.

• Es gibt drei Wörter, in denen fünf Mal der Buchstabe »a« vorkommt und sonst kein anderer Vokal: Abrakadabra, Panamakanal und Staatsanwaltschaft.

• **Deutsche Wörter sind weiblich.** Die meisten Hauptwörter werden mit dem Artikel »die« geschrieben (46%), gefolgt von »der« (34%) und »das« (20%).

• Ein deutsches Wort ist im Schnitt 10,6 Buchstaben lang.

• Für den Anfang oder das Ende eines Brotlaibs gibt es über 350 regionale Namen, wie »Kanten«, »Kipfel«, »Knäuschen« oder »Knörzchen«. Dennoch gibt es kein offizielles Wort dafür.

WARUM MÜSSEN WIR AUFSTOSSEN?
MENSCH

»Rülps!« Du bedeckst deinen Mund mit der Hand, aber es ist zu spät. Deine Mitmenschen haben es schon gehört. Woher kommt eigentlich das Rülpsen?

Ein Rülpser ist nichts anderes als das Ausstoßen von Gas. Wenn du isst oder trinkst, schluckst du nicht nur Essen oder Flüssigkeit. Du schluckst gleichzeitig auch Luft.

Die Luft, die wir atmen, enthält Gase, wie Stickstoff und Sauerstoff. **Bei einem Rülpser wird überschüssiges Gas aus dem Magen durch die Speiseröhre aus dem Mund gedrückt.**

Vielleicht hast du schon entdeckt, dass du mehr rülpsen musst, wenn du Getränken mit Kohlensäure zu dir nimmst. Das Gas, das die Getränke sprudeln lässt, ist Kohlendioxid. Es ist hervorragend geeignet für große Rülpser.

Dasselbe passiert, wenn du durch einen Strohhalm trinkst: Zusätzliche Luft gelangt in deinen Körper, und mehr Rülpser müssen hinaus.

Rülpsen ist nie etwas, worüber du dir Sorgen machen musst. Eltern jubeln sogar, wenn ihr Baby rülpst – bedeutet es doch, dass das zusätzliche Gas nicht mehr das Bäuchlein des Babys drückt.

EIN TAG AUF DER INTERNATIONALEN RAUMSTATION

WELTRAUM

 **Die Internationale Raumstation ist das größte Bauwerk im Weltraum, das wir Menschen erschaffen haben.** Es wird gemeinschaftlich betrieben von sechs Raumfahrtbehörden aus 16 Ländern.

Die Raumstation fliegt rund 400 Kilometer über unsere Köpfe in Richtung Osten um die Erde. Seit dem 2. November 2000 ist die Raumstation dauerhaft von Raumfahrern bewohnt.

Für die Raumfahrer beginnt ein typischer Tag mit dem Aufwachen um 6.00 Uhr. Dann wird zuerst einmal die Station auf Schäden untersucht. Anschließend wird gemeinsam gefrühstückt und der weitere Ablauf geplant. Um 8.10 Uhr beginnt die eigentliche Arbeit.

Um 13.05 Uhr gibt es eine einstündige Mittagspause. Anschließend wird weitergearbeitet bis zum Abendessen um 19.30 Uhr.

Dann reden die Raumfahrer darüber, wie der Tag gelaufen ist, welche Übungen durchgeführt und welche Ergebnisse erzielt wurden.

Schlafenszeit ist pünktlich um 21.30 Uhr.

Jede Woche arbeiten die Raumfahrer etwa 55 Stunden, also viel mehr als gewöhnliche Angestellte.

EINE UNGEWÖHNLICHE TAPETE
GESCHICHTE

Die Luftpolsterfolie wurde 1957 von den beiden amerikanischen Ingenieuren Al Fielding und Marc Chavannes erfunden.

Ihr Plan war jedoch nicht, Verpackungsmaterial zu erfinden – die Folie sollte eigentlich eine Tapete werden. Allerdings fand sich niemand, der eine solche Tapete kaufen wollte.

Ihre nächste Idee war, die isolierende Wirkung der Luftpolsterfolie zu nutzen. Aber auch als Gewächshausdämmung fand die Folie keine Abnehmer.

Zwei Jahre später kam die Computerfirma IBM auf die beiden Entwickler zu. IBM hatte zuvor einen neuen Computer angekündigt, und sie fanden, dass die Luftpolsterfolie das geeignete Verpackungsmaterial wäre, um den Computer während des Versands zu schützen. So wurde IBM der erste Kunde der Luftpolsterfolie.

Seit diesen bescheidenen Anfängen ist das Unternehmen der beiden, die Sealed Air Corporation, auf einen Jahresumsatz von vier Milliarden Euro angewachsen – von denen sage und schreibe 360 Millionen Euro noch immer auf Luftpolsterfolien entfallen.

EINE KURZE GESCHICHTE DER SCHULE
WELT

Schulen gab es schon im vierten Jahrtausend v. Chr. In Sumer wurde in den Schulen Rechnen, Zeichnen und Sprache gelehrt. Im Unterricht wurden – wie heute – Aufsätze geschrieben und Fabeln gelesen.

Im alten Ägypten war der Schulbesuch nur für reiche Bürger möglich, weil die Kinder der armen Leute ihren Eltern bei der Arbeit helfen mussten. Wer es sich leisten konnte, hatte Unterrichtsfächer wie **Lesen, Schreiben, Rechnen, Astronomie, Bildhauerei, Geschichte, Erdkunde, Sport und Malerei.**

Im antiken Griechenland wurden die Kinder vom Lehrer zu Hause unterrichtet. Musik war für die Griechen oft wichtiger als Lesen und Schreiben. Da es noch keine Noten gab, mussten die Schüler die Musikstücke auswendig lernen. Auch Gesang wurde unterrichtet.

Im Römischen Reich gab es öffentliche Schulen. Die Schüler schrieben wie in Griechenland auf Wachstafeln oder Papyrus.

Im mittelalterlichen Europa gab es zunächst nur Schulen in Klöstern. Erst ab dem 13. Jahrhundert wurden öffentliche Schulen langsam etabliert. Als Schreibgeräte dienten Holzbretter oder Wachsplatten. Körperliche Bestrafung war an der Tagesordnung.

In Deutschland wurde die Schulpflicht erst 1919 eingeführt.

DAS STADION AM ÄQUATOR

SPORT

Das Fußballstadion »Estádio Milton Corrêa« im brasilianischen Ort Macapá trägt den Spitznamen »Zerão«. **Das ist ein Hinweis darauf, dass dieses Stadion etwas Besonderes ist.**

»Zerão« ist das brasilianisch-portugiesische Wort für die Zahl Null. Das Stadion bekam diesen Spitznamen, weil die Mittelfeldlinie exakt an der Äquatorlinie verläuft (zumindest nach dem in Brasilien verwendeten geografischen Referenzsystem).

Der Äquator teilt die Erdoberfläche in eine Nord- und in eine Südhalbkugel. Das bedeutet, dass die Fußballer in einem Spiel nicht nur für ihren Verein kämpfen, sondern für eine komplette Halbkugel unseres Planeten.

EIN NEUER REKORD FÜR ÜBEREINANDER GETRAGENE T-SHIRTS

WELT

Anfang 2019 kamen der Kanadier Ted Hastings und sein elfjähriger Sohn auf die Idee, einen Weltrekord aufzustellen. Sie durchstöberten das Guinness-Weltrekordbuch und lasen von einem Mann, der es geschafft hatte, 257 T-Shirts übereinander anzuziehen.

Leider war es den beiden unmöglich, in Kanada ein Unternehmen zu finden, das T-Shirts in sehr großen Größen lieferte. Schließlich fanden sie **einen Händler in Indien, der Hemden bis 20 XL herstellte.**

Der Vater schlug vor, gleichzeitig mit dem Weltrekordversuch auch Spenden für einen neuen Spielplatz für die Schule des Jungen zu sammeln. Nur fünf Tage vor dem Ereignis trafen die Hemden aus Indien ein. Die Veranstaltung fand im örtlichen Fitnessstudio statt.

Der Vater war in der Lage, die ersten 20 T-Shirts alleine anzuziehen. Danach brauchte er die Hilfe eines Teams, das ihm in die Größen von Medium bis 20 XL half. Bei 150 T-Shirts hatte Ted erste Schwierigkeiten zu atmen. Die Hemden wurden immer größer und schwerer.

Schließlich schaffte er es, 260 Hemden anzuziehen – drei mehr als der alte Rekord. Und die Schule erhielt 9.900 Euro für den Spielplatz.

WANN ÄRZTE EIN COMPUTERSPIEL VERORDNEN

MENSCH

Kanadische Ärzte sagen, dass sie einen neuen Weg gefunden haben, Schwachsichtigkeit zu behandeln: **indem die Betroffenen das Computerspiel Tetris spielen.**

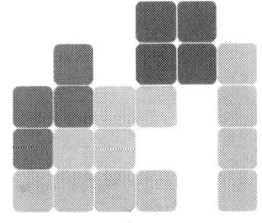

Etwa eines von fünfzig Kindern ist von Schwachsichtigkeit betroffen. Dabei hat ein Auge eine Sehschwäche, die nicht durch eine Brille behoben werden kann. Manchmal schielt das Auge auch.

Ohne Behandlung kann Schwachsichtigkeit zu einem dauerhaften Sehverlust des betroffenen Auges führen. Daher versuchen Ärzte, frühzeitig einzugreifen.

Normalerweise besteht die Behandlung darin, das starke Auge mit einer Augenklappe abzudecken, so dass das Kind gezwungen ist, sein träges Auge zu benutzen. Das Kind muss das Pflaster über viele Monate hinweg tragen, was unangenehm und frustrierend ist.

In dem neuen Experiment sollten die Kinder Tetris spielen. Bei diesem Spiel müssen beide Augen zusammenarbeiten und sich koordinieren. Durch die spielerische Übung verbesserte sich das Sehvermögen der Betroffenen wesentlich besser als mit dem Pflaster.

WO FÜRZE AM SCHLIMMSTEN STINKEN
MENSCH

 »Blähung« bezeichnet man die Gasansammlung im Darm, die bei der Verdauung entsteht. Das Hinauslassen der Blähung trägt viele schöne Namen, zum Beispiel Darmwind, Flatus, Blähwind, Pups oder Furz. **Wo solche Darmwinde abgelassen werden, spielt eine große Rolle.** Man fand heraus, dass sie unter der Dusche am schlimmsten stinken.

Warum ist das so? Zunächst einmal ist die Dusche ein kleiner, geschlossener Raum, so dass das Gas konzentrierter ist. Die hohe Trübung der Luft in der Dusche lässt das Gas besonders gut durch den Raum zirkulieren.

Außerdem verbessern die hohe Luftfeuchtigkeit und die hohe Temperatur in der Dusche den Geruchs- und Geschmackssinn des Menschen. Die Fürze stinken nicht nur schlimmer – wir können sie auch besser riechen.

Nur gut, dass dein Papa nicht jener Brite ist, der den Rekord für den längsten aufgezeichneten Furz der Welt hält: 59 Sekunden lang ununterbrochene Blähungen. Wenigstens nicht unter der Dusche.

ZEHN FAKTEN ÜBER DIE UEFA CHAMPIONS LEAGUE

SPORT

1. Die acht Sterne im Champions-League-Logo stehen für die besten acht Klubs im ersten Wettbewerb.

2. Spanien ist die erfolgreichste Nation.

3. Real Madrid war 2016/17 das erste Team, das die Trophäe erfolgreich verteidigte.

4. Nur zwei Teams, Borussia Dortmund und Juventus Turin, haben das Finale auf eigenem Boden gewonnen.

5. Der 4:0-Sieg von AC Mailand gegen den FC Barcelona im Finale 1994 war der höchste Finalsieg.

6. Das Finale der UEFA Champions League ist das meistgesehene jährliche Sportereignis der Welt.

7. Die Champions-League-Hymne ist eine Adaption von Georg Friedrich Händels klassischem Stück »Zadok the Priest«.

8. Der Refrain, der nie zu hören ist, enthält die drei offiziellen Sprachen der UEFA: Englisch, Französisch und Deutsch.

9. Das schnellste Tor erzielte Roy Makaay 2007 nach zehn Sekunden gegen Real Madrid für den Bayern München.

10. Die Trophäe wiegt 7,5 kg, was etwa 17 Fußbällen entspricht.

WAS EIN RATTENPAAR IN 18 MONATEN ANSTELLT

TIERE

Ratten sind außergewöhnlich anpassungsfähig und intelligent. Außerdem vermehren sie sich extrem schnell.

Ein Rattenweibchen bringt vier bis fünf Mal im Jahr jeweils etwa zehn Kinder zur Welt. Bereits nach nur drei Monaten ist dieser Nachwuchs seinerseits in der Lage, sich zu vermehren.

```
         Zu Beginn: 1 Männchen, 1 Weibchen
   Nach 3 Monaten: 6 Männchen, 6 Weibchen
   Nach 6 Monaten: 36 Männchen, 36 Weibchen
   Nach 8 Monaten: 216 Männchen, 216 Weibchen
  Nach 12 Monaten: 1296 Männchen, 1296 Weibchen
  Nach 15 Monaten: 7776 Männchen, 7776 Weibchen
Nach 18 Monaten: 46.656 Männchen, 46.656 Weibchen
```

Das bedeutet: Ein einziges Rattenpaar kann in nur 18 Monaten verantwortlich sein für knapp 100.000 weitere Ratten pro Jahr.

29

WIE JULIUS CÄSAR MIT SEINEN ENTFÜHRERN VERHANDELTE
GESCHICHTE

Der 25-jährige römische Feldherr Julius Cäsar segelte in der Ägäis, als er von sizilianischen Piraten entführt wurde. Die Piraten forderten ein Lösegeld in Höhe von 20 Talenten Silber, um ihn freizulassen (das sind etwa 620 kg Silber oder 300.000 Euro bei den heutigen Silberpreisen).

Cäsar war verärgert – aber nicht darüber, dass er entführt wurde, sondern dass das Lösegeld so niedrig war! Er fand, dass er wesentlich mehr wert war.

Er sagte den Piraten, sie sollten 50 Talente Silber verlangen (etwa 750.000 Euro). Die Piraten stimmten natürlich zu. Cäsar schickte einige seiner eigenen Mitarbeiter los, um das Silber zu kassieren.

In den 38 Tagen seiner Gefangenschaft war Cäsar ganz und gar nicht unterwürfig. Stattdessen sah er sich als der Anführer der Piraten an und behandelte sie wie seine Untergebenen. Er verlangte sogar, dass sie nicht redeten, wenn er ein Nickerchen machen wollte.

Cäsar schwor ihnen, dass er sie nach seiner Freilassung jagen würde. Das tat er. In Freiheit segelte er mit einer kleinen Flotte zur Pirateninsel. Die Piraten hatten seine Drohung nicht ernst genommen und lebten dort wie zuvor. Cäsar ließ die Piraten ins Gefängnis stecken und kehrte mit dem vollen Lösegeld zurück.

DAS GLOBALE SPORTEREIGNIS, DAS KAUM JEMAND KENNT

SPORT

Die »World Games« (zu Deutsch: Weltspiele) sind ein internationales Sportereignis, das alle vier Jahre stattfindet – immer ein Jahr nach den Olympischen Sommerspielen.

3.600 Athleten aus über 100 Ländern kämpfen um die Goldmedaillen. Elf Tage lang dauern die Wettkämpfe, bis die Sieger in mehr als 30 Sportarten ermittelt wurden. **Wie, du hast noch nie davon gehört?** Das ist schade, denn aus diesem Grund gibt es die Weltspiele überhaupt.

Die World Games dienen dazu, Sportarten bekannter zu machen, die keinen Platz bei den Olympischen Spielen gefunden haben.

Es geht um bekannte Sportarten wie Karate, Wasserski, Triathlon oder Badminton. Es gibt aber auch exotische Sportarten wie Trampolinspringen, Strandhandball, Tauziehen oder Rettungsschwimmen.

Die Spiele fanden schon zwei Mal in Deutschland statt, zuletzt 2005 in Duisburg. Die nächsten Spiele sind 2022 in Birmingham, USA, und 2025 in Chengdu, China. Schau doch mal rein!

DIE MAGISCHE ZAHLENFOLGE 142857
SCHULE

Die sechsstellige Zahl **142857** ist richtig cool. Wenn man sie mit 2, 3, 4, 5 oder 6 multipliziert, ist das Ergebnis ein Zahlen-Anagramm.

```
1 x 142857 = 142857
2 x 142857 = 285714
3 x 142857 = 428571
4 x 142857 = 571428
5 x 142857 = 714285
6 x 142857 = 857142
7 x 142857 = 999999
```

Wenn du immer weiter mit größeren Zahlen multiplizierst, wird das Ergebnis immer eine Variante von 142857 oder 999999 sein:

- `8 * 142.857 = 1.142.856` (addiere die erste und die letzte Ziffer und du erhältst 142857)
- `42 * 142.857 = 5.999.994` (erste und letzte Ziffer = 9)
- `142.857 * 142.857 = 20.408.122.449` (addiere die ersten fünf Ziffern zu den anderen sechs und du erhältst 142857)

WAS IM JAHR 1492 NOCH GESCHAH
SPRACHE

Spanisch wird von über 500 Millionen Menschen gesprochen. Damit ist Spanisch die Nummer zwei der am häufigsten gesprochenen Sprachen der Welt. Es liegt leicht vor Englisch (350 Millionen), aber weit hinter Chinesisch (über eine Milliarde).

Die spanische Sprache entwickelte sich wie alle romanischen Sprachen (wie Französisch und Italienisch) aus dem Lateinischen. Im Gegensatz zu ihnen ist Spanisch aber eine sehr phonetische Sprache. Wenn du weißt, wie ein Wort geschrieben wird, weißt du fast immer auch, wie es ausgesprochen wird.

Wenn Du Spanisch liest, wirst du schnell lustige, umgedrehte Satzzeichen entdecken. Im Deutschen steht nach einem Ausrufesatz ein Ausrufezeichen und nach einem Fragesatz ein Fragezeichen. ¡Das Spanische verwendet diese Satzzeichen aber auch schon am Anfang der Sätze – nur umgedreht! ¿Witzig, oder?

Man schätzt, dass Spanisch im Jahr 2050 die häufigste gesprochene Sprache in den USA sein wird, ausgelöst durch den Zuzug von Menschen aus Mexiko, Kuba und Südamerika.

Die erste spanische Grammatik wurde übrigens im Jahr 1492 veröffentlicht – demselben Jahr, in dem Kolumbus Amerika entdeckte.

ÜBER DREI DIMENSIONEN HINAUS

WISSENSCHAFT

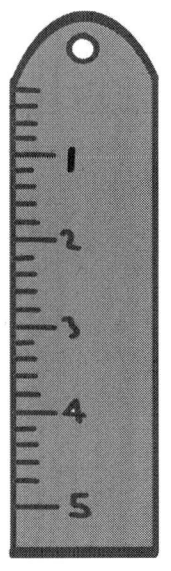

Wir leben in einer dreidimensionalen Welt. Das bedeutet, dass wir alle Dinge auf der Erde mit drei Größen beschreiben können: Länge, Breite und Höhe. **Auch dich.**

Die Zeit wird oft als vierte Dimension betrachtet. So können wir die Dinge in unserem Universum beobachten, wie sie sich im Laufe der Zeit verändern.

Schon vor einhundert Jahren hatte der deutsche Physiker Theodor Kaluza die Idee, dass unser Universum eine weitere, fünfte Raumdimension besitzt, die wir aber nicht wahrnehmen können. Wissenschaftler diskutieren seitdem sogar die Möglichkeit von vielen weiteren Dimensionen.

Ein Gedankenexperiment: Wenn du dich unter eine Lampe stellst, erzeugst du einen zweidimensionalen Schatten auf dem Boden (mit Länge und Breite, ohne Höhe). So ähnlich könnte eine vierte Dimension einen dreidimensionalen Schatten erzeugen: unser Universum.

WAS DU NICHT ÜBER POLIZEIWAGEN WEISST

WELT

Es gibt zwei interessante Dinge über Polizeiautos, die du wahrscheinlich noch nicht weißt.

Wenn du den Schlüssel zu einem Polizeiauto hast, dann kannst du mit diesem Schlüssel jedes andere Polizeiauto aufschließen.

Zumindest ist dies so in einigen Städten geregelt. Dadurch wird die zeitaufwändige Verwaltung vermieden, wer welchen Schlüssel an welcher Stelle hat, wenn es mal schnell gehen muss.

Die andere interessante Sache ist: Ein Polizeiwagen ist fast immer in Betrieb, wenn er im Dienst ist. Er läuft ununterbrochen.

Das liegt daran, dass ein Polizeiauto viel Elektronik an Bord hat. Wenn das Auto nicht ständig liefe, würde die Batterie in weniger als einer Stunde leer laufen – und das Auto wäre nicht einsatzbereit, um Verbrecher zu verfolgen.

AH, FRISCHES WASSER!

WISSENSCHAFT

Achtung, es wird etwas unappetitlich. Wenn du den Wasserhahn aufdrehst, fließt zwar frisches Wasser heraus, aber ...

Alles, was du trinkst, gibt es schon seit Millionen von Jahren. Das bedeutet, dass sich in jedem Glas Wasser, Limo oder Cola, eine Menge Wasser befindet, das bereits durch einen Dinosaurier hindurchgeflossen ist und am anderen Ende wieder herauskam.

Wasser wird durch den Wasserkreislauf wiederverwertet. Es verdunstet aus den Meeren und bildet Wolken. Irgendwann regnet oder schneit es, und das Wasser fällt zurück auf die Erde. Flüsse führen dann das Wasser wieder ins Meer.

Allerdings wandeln Pflanzen Kohlendioxid und Wasser zu Zucker und Sauerstoff um. Das so chemisch zerstörte Wasser wird dann durch Atmung wieder zurückgewonnen.

Aus diesem Grund stammt nur ein kleiner Teil des Wassers, das wir heute trinken, aus der Zeit der Dinosaurier.

WARUM DIE BANANE DEN MENSCHEN BRAUCHT

ESSEN

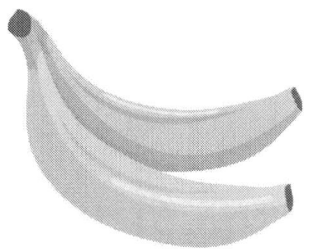

Die Banane ist in vielen Ländern der Tropen von großer Bedeutung, wo verschiedene Teile der Pflanze für Kleidung, Papier und Geschirr verwendet werden – und wo die Frucht selbst ein wichtiges Nahrungsmittel ist.

Menschen auf der ganzen Welt schätzen das weiche, nahrhafte Fruchtfleisch, die leicht zu schälende Hülle und die Portionsgröße. Die Banane wechselt sogar die Farbe, um ihren Reifegrad anzuzeigen.

Die Banane, wie wir sie kennen, ist in Wirklichkeit eine Kreuzung aus zwei anderen Pflanzenarten. Diese Kreuzung mit dem Namen »Cavendish« ist lange haltbar und hat keine Samen, weil viele Menschen sie nicht essen mögen. Aus diesem Grund kann sie sich nur mit Hilfe des Menschen vermehren.

DAS ERSTE BUCH DER GESCHICHTE
SPRACHE

Welches war das allererste Buch der Menschheitsgeschichte? Soweit Geschichtsforscher wissen, war das erste Buch entweder das Gilgamesch-Epos, oder die ersten gebundenen Exemplare der Bibel, oder die Gutenberg-Bibel. Jedes dieser Bücher markiert einen wichtigen Punkt in der Geschichte der Bücher.

Das Gilgamesch-Epos ist die älteste bekannte schriftliche Geschichte, die man als Buch bezeichnen kann. Sie wurde im alten Babylonien irgendwann vor dem 18. Jahrhundert v. Chr. auf Tontafeln geschrieben.

Die ersten gebundenen Pergamentbücher waren die Bibeln der frühchristlichen Kirche, wie der »Codex Vaticanus« aus dem vierten Jahrhundert.

Viel später, zwischen 1452 und 1454, druckte der deutsche Johannes Gutenberg das erste Buch auf einer beweglichen Druckerpresse: die nach ihm benannte Gutenberg-Bibel.

Mit Hilfe von 20 Mitarbeitern druckte er etwa 150 auf Papier gedruckte Bibeln und etwa 30 Ausgaben auf Pergament. Farbige Zeichnungen wurden nach dem Druck von Illustratoren hinzugefügt. Dadurch ist jede Ausgabe seiner Bibel einzigartig.

WARUM DIE FARBE LILA DIE KÖNIGLICHE FARBE IST

GESCHICHTE

Die Farbe Lila wird seit Jahrhunderten mit Königen, Macht und Reichtum in Verbindung gebracht. Aber warum ist das so?

Der ursprünglich zur Herstellung von Lila verwendete Farbstoff kam aus der phönizischen Handelsstadt Tyre, die sich heute im Libanon befindet. Die Stoffhändler bezogen den Farbstoff aus einer kleinen Muschel, die nur in der Region um Tyre am Mittelmeer gefunden wurde.

Die Herstellung des Farbstoffs war sehr aufwändig. **Mehr als 9000 Muscheln wurden benötigt, um nur ein Gramm lilafarbenes Pulver herzustellen.** Da ist es kein Wunder, dass diese Farbe sich nur wohlhabende Herrscher leisten konnten.

Die englische Königin Elisabeth I. erließ sogar ein gesondertes Gesetz dazu. Es besagte, dass niemand, außer engen Mitgliedern der Königsfamilie, Stoff in dieser Farbe tragen durfte.

Im Jahr 1856 gelang es dem 18-jährigen Chemiker William Henry Perkin in seinem Labor, lilafarbenes Pulver zu erzeugen – aus Versehen. Er wollte eigentlich ein Medikament gegen die Krankheit Malaria herstellen. Obwohl dadurch der Preis für die Farbe stark fiel, verdiente Perkin ein Vermögen mit seiner Entdeckung.

SO KANNST DU ZWILLINGE UNTERSCHEIDEN

MENSCH

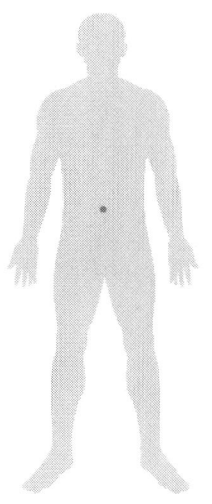

Um Zwillinge zu unterscheiden, schau dir ihre Bauch-nabel an. Bauchnabel entstehen bei der Ablösung der Nabelschnur nach der Geburt. Sie sind also nicht erblich bestimmt.

Eine weitere Möglichkeit sind die Fingerabdrücke. Die verschiedenen Bereiche der Gebärmutter während der Schwangerschaft erzeugen unterschiedliche Wülste und Quirlen an den Fingerspitzen.

GIBT ES MEHR STERNE ODER MEHR SANDKÖRNER?

WELTRAUM

Das Weltall ist so unermesslich groß, dass wir bei vielen Dingen nur staunend den Kopf schütteln können. Stelle dir alle Strände auf dieser Erde vor, zum Beispiel von Mallorca, Australien, Brasilien, Hawaii oder Mexiko. Da kommen ziemlich viele Sandkörner zusammen.

Jetzt füge die Sandkörner aller Wüsten auf der Erde hinzu, zum Beispiel aus der Wüste Sahara oder der Wüste Gobi. Wenn man alle Sandkörner zählen müsste, würde man niemals damit fertig werden.

Jetzt kommt das Verblüffende: In unserem Universum gibt es wesentlich mehr Sterne als Sandkörner auf der Erde. Da kann man tatsächlich nur staunend den Kopf schütteln.

DAS KOMMT MIR SPANISCH VOR
SPRACHE

Die Redewendung »Das kommt mir Spanisch vor« sagt man, wenn man etwas nicht versteht. Diese Redewendung können Spanier natürlich nicht über ihre eigene Sprache sagen. Sie sagen stattdessen »Esto me suena a chino« – das kommt mir Chinesisch vor. Was sagen die Menschen in anderen Ländern?

- Englisch: »That's Greek to me« – Das ist Griechisch für mich.
- Chinesisch: 看起来像火星文。 – Das sieht aus wie vom Mars.
- Rumänisch: Eşti Turc? – Ist das türkisch?
- Türkisch: Konuya Fransız kaldım – Ich bleibe Franzose.
- Persisch: انگار ژاپنی حرف می‌زنه – Als würden Japaner reden.
- Italienisch: Per me questo è arabo – Für mich ist das Arabisch.
- Finnisch: Täyttä hepreaa – Voll hebräisch.
- Chabacano (Sprache auf den Philippinen): Aleman ese comigo – Deutsch ist mit mir!

EXTREMBÜGELN

SPORT

Im Jahr 1997 hatte es der englische Bergsteiger Phillip Shaw satt, den Tag zu Hause mit Bügeln zu verbringen. Ohne lang zu überlegen, packte er Bügeleisen, Bügelbrett und die Wäsche ein, unternahm eine Bergtour und bügelte auf großer Höhe im Freien.

Gemeinsam mit seinem Freund Paul Nicks führte er daraufhin weitere Bügeltouren durch. Nach und nach folgten ihnen immer mehr Menschen, darunter auch viele Deutsche.

Obwohl die Akteure den Sport intensiv vorbereiten und mit großem Enthusiasmus dabei sind, wird die Sportart nicht ganz ernstgenommen. Das liegt vor allem an den ungewöhnlichen Orten, an denen die Auftritte stattfinden.

Gebügelt wird beim Kanufahren und beim Skifahren, auf großen Bronzestatuen, in der Mitte einer Straße, beim Reiten, beim Fallschirmspringen und unter der gefrorenen Eisdecke eines Sees.

Das Medieninteresse wuchs und so wurde 2002 die erste Weltmeisterschaft im Extrembügeln in Bayern veranstaltet. Mittlerweile reißen sich Hersteller von Bügeleisen und Waschmitteln darum, bei solchen Ereignissen werben zu dürfen.

WOFÜR POPEL NÜTZLICH SIND
MENSCH

Um zu verstehen, was Popel sind, musst du etwas über Schleim wissen. Schleim ist das klebrige Zeug, das in der Nase und in den Atemwegen entsteht.

Kinder haben einen anderen Namen für Nasenschleim: Rotz. Dein Körper bildet täglich etwa einen halben Liter Rotz.

Der Schleim hat eine wichtige Aufgabe. Er hält die Nasenschleimhaut feucht und erwärmt die Luft, die du einatmest. Der Schleim schützt auch die Lungen. Wenn du durch die Nase Luft einatmest, enthält er viele kleine Dinge, wie Staub, Schmutz, Keime und Pollen.

Wenn diese bis in die Lunge gelangen, kann die Lunge gereizt werden, was das Atmen erschwert. Zum Glück hilft Nasenschleim, dieses Zeug einzufangen und es in der Nase zu halten.

Die Haare in deiner Nase bewegen den Schleim und die eingeschlossenen Sachen nach vorne. **Wenn der Schleim trocknet und zusammenklumpt, bleibt Popel übrig.** Popel sind also ein Zeichen dafür, dass deine Nase richtig funktioniert.

DIE HÄSSLICHSTE FARBE DER WELT
WELT

Im Jahr 2016 suchten australische Marktforscher nach der hässlichsten Farbe der Welt. Nach vielen Umfragen stand eine Farbe fest. Sie trägt den technischen Namen »Pantone 448 C« und wird als »trauriges Dunkelbraun« beschrieben.

Zuerst hieß die Farbe »dunkles Olivengrün«, aber die australische Olivenorganisation protestierte erfolgreich gegen den Namen.

Wozu wurde dieser Aufwand betrieben? Zigaretten machen krank. Um Käufer abzuschrecken, wurde das »traurige Dunkelbraun« die neue Farbe für alle Zigarettenpackungen in Australien.

Auch andere Länder wie England, Frankreich, Slowenien, Norwegen, Israel, Saudi-Arabien und Neuseeland verwenden nun diese Farbe, um Zigarettenpackungen abschreckender zu gestalten.

WARUM FRANZÖSISCHE ZAHLEN SO SELTSAM SIND

SPRACHE

Lernst du die französische Sprache, wirst du schnell bemerken, **dass die französischen Zahlen etwas seltsam sind.**

Die Zahlen 20, 30, 40, 50, 60, 70, 80 und 90 sind im Deutschen einfach die erste Ziffer mit der Endung »-zig« (für »zehn«). »8« und »zig« entspricht 8 mal 10, also 80.

Nicht so in der französischen Sprache. Für die Zahl 80 muss man »vier mal 20« sagen. Die Zahl 90 bedeutet übersetzt »vier mal 20 plus 10«. Warum so kompliziert?

Der Grund dafür ist, wieder einmal: Geschichte. Die Römer nutzten das 10er-System, daher ist 20 = 2 mal 10, und 30 ist 3

mal 10, und so weiter. Aber als die Römer sich im heutigen Frankreich ausbreiteten, trafen sie auf die Kelten. Die hatten ein 20er-System, das heißt, 20 ist 1 mal 20, und 30 ist 1 mal 20 plus 10. Die Zahl 40 ist dann 2 mal 20, und 50 ist 2 mal 20 plus 10. Klingt verrückt, oder?

Erst im 17. Jahrhundert entschied man sich für ein Mischsystem. Die Zahlen 10 bis 60 sind so wie bei uns, aber 70 ist 60 plus 10, 80 ist 4 mal 20 und 90 ist 4 mal 20 plus 10. Die spinnen, die Kelten.

LUSTIGE ESELSBRÜCKEN, TEIL 1
SCHULE

Esel sind sture Tiere. Wenn sie nicht in der Stimmung sind, einen kleinen Bach zu überqueren, dann muss man ihnen eine Brücke bauen – die sogenannte Eselsbrücke.

Eselsbrücke

So ähnlich ist es auch mit dem Lernen. Manchmal kannst du dir eine Sache einfach nicht merken. Dann musst du deinem Gedächtnis eine Brücke bauen. Hier sind einige Eselsbrücken, die du dir leicht merken kannst.

Erdkunde. Die Reihenfolge der Himmelsrichtungen ist im Uhrzeigersinn Norden, Osten, Süden, Westen. Die Eselsbrücke dazu: NOSW – **N**ie **O**hne **S**eife **W**aschen.

Biologie. Die Lärche (Nadelbaum) und die Lerche (Singvogel) klingen gleich, werden aber verschieden geschrieben. Die Eselsbrücke ist: Die L**ä**rche ist ein B**a**um, die L**e**rche ein Vog**e**l.

Musik. Die Reihenfolge der Notenlinien ist von unten nach oben: E G H D F. Merke: **E**ine **G**ans **H**at **D**ünne **F**üße.

Geschichte. Die Entdeckung Amerikas war im Jahr 1492. So kannst du es dir merken: Acht vor 1500 (fünfzehnhundert) – Kolumbus wird bewundert.

LUSTIGE ESELSBRÜCKEN, TEIL 2
SCHULE

- **Biologie.** Das Rehweibchen nennt man Ricke. Das Kind ist das Rehkitz. Die Eselsbrücke lautet: Die Frau des Rehbocks, Mama Ricke, lässt nie das Kitz aus ihrem Blicke.
- **Erdkunde.** Die Ostfriesischen Inseln sind von Ost nach West Wangerooge, Spiekeroog, Langeoog, Baltrum, Norderney, Juist und Borkum. Merkspruch: **W**elcher **S**eemann **l**iegt **b**is **n**eun **i**m **B**ett? (tja, i = Juist)
- **Mathematik.** Rechne Mal und Geteilt vor Plus und Minus, aber Rechnungen in Klammern zuerst. Denke einfach an KLAPS – **Kla**mmer geht vor **P**unkt- und **S**trichrechnung.
- **Geschichte.** Die deutschen Bundeskanzler heißen Adenauer, Erhard, Kiesinger, Brandt, Schmidt, Kohl, Schröder und Merkel. Leicht zu merken: **A**lle **e**hemaligen **K**anzler **b**raucht **s**ich **k**ein **S**chwein **m**erken.
- **Physik.** Wie heißen die gewölbten Flächen von Linsen und Löffeln? *Konkav* nennt man die nach innen gewölbte Fläche, *konvex* die nach außen gewölbte. Merke es dir mit

einem Suppenteller: Ist der Teller konkav, bleibt die Suppe brav, ist der Teller konvex, macht die Suppe klecks.

WIE INTELLIGENT RABEN WIRKLICH SIND
TIERE

Es ist bekannt, dass Raben zu den intelligenteren Vögeln gehören. Aber wie schlau sie wirklich sind, wurde erst in den letzten Jahren entdeckt.

In einer Studie zeigten Raben, dass sie ein Stück Draht in die Form eines Hakens biegen können, um Nahrung aus einer engen Stelle zu fischen. Kleinkindern wurde dasselbe Rätsel präsentiert, aber sie waren nicht intelligent genug, um das Rätsel zu lösen.

Es gibt weitere Belege für die Intelligenz der Raben. **In Gefangenschaft lernten Raben besser sprechen als manche Papageienarten.**

Sie können auch Geräusche nachahmen, wie zum Beispiel Automotoren, Toilettenspülungen, sowie Tier- und Vogelstimmen.

Raben können in vielen Lebensräumen überleben, sowohl in Wüsten, Bergen, im Schnee, als auch in Wäldern.

Man hat Raben in Wäldern beobachtet, wie sie Wölfe imitierten. Sie lockten sie auf diese Weise zu toten Tieren, die die Raben nicht aufbrechen konnten. Wenn der Wolf mit dem Fressen fertig war, schnappten sich die Raben die Reste.

ZEITREISE IN DIE ZUKUNFT
WELTRAUM

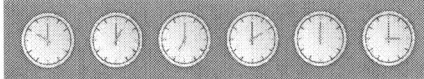

Dank Albert Einsteins Relativitätstheorie wissen wir, dass Zeitreisen möglich sind und tatsächlich stattfinden können – leider nur in extrem kleinen Schritten mit Entfernungen, die wir zu Fuß zurücklegen können.

Die Relativitätstheorie ist äußerst komplex. Vereinfacht gesagt, läuft die Zeit schneller für dich ab, je weniger Schwerkraft auf dich wirkt.

Wenn Astronauten die Erde umkreisen, sind sie - verglichen mit den Menschen am Boden - etwas weiter vom Zentrum der Erde entfernt. Das bedeutet, dass die Zeit der Astronauten etwas schneller abläuft.

Der russische Kosmonaut Gennadi Padalka war bei fünf Missionen 878 Tage (also mehr als zwei Jahre und vier Monate) im Weltall. Er ist damit der Raumfahrer, der die längste Zeit im All verbracht hat. Somit ist er tatsächlich um 0,02 Sekunden in seine eigene Zukunft gereist.

HIGH HEELS WAREN FÜR MÄNNER GEDACHT

WELT

»High Heels« ist ein englischer Ausdruck und heißt übersetzt »hohe Absätze«. Schuhe mit hohen Absätzen werden gerne von Frauen getragen, weil sie das Körpergewicht umverteilen. Brust und Gesäß werden betont, und nebenbei die Körpergröße erhöht.

Das Interessante an High Heels ist, dass Schuhe mit hohen Absätzen gar nicht für Frauen erfunden wurden.

Ihre Geschichte geht bis ins 10. Jahrhundert zurück. Damals trugen persische Krieger Schuhe mit Absätzen, damit ihre Füße besser in die Steigbügel ihrer Pferde passten.

In Europa wurden High Heels um die Wende zum 18. Jahrhundert bekannt und in der Damenwelt geschätzt.

Der Sinn von Absätzen war aber nicht, eine bessere Figur zu machen oder größer zu wirken. Frauen der 1700er Jahre trugen hohe Absätze, um ihre Füße kleiner aussehen zu lassen. Das galt damals als sehr schick.

WARUM BEKOMMEN WIR SCHLUCKAUF?
MENSCH

Nie denkt man an Schluckauf – es sei denn, man hat einen. Warum gibt es ihn überhaupt?

Schuld ist dein Zwerchfell. Das ist ein kleiner Muskel in deiner Brust. Das Zwerchfell zieht sich beim Einatmen nach unten, um die Luft in die Lungen zu ziehen. Beim Ausatmen drückt es sich nach oben, um die Luft wieder aus den Lungen zu drücken.

Aber manchmal wird das Zwerchfell gereizt, zum Beispiel durch zu schnelles oder zu viel Essen. Dann drückt es sich ruckartig nach oben, so dass die Luft anders austritt als normalerweise. Wenn dieser unregelmäßige Atem auf den Kehlkopf trifft, hast du einen Schluckauf.

Werdende Mütter fühlen den Schluckauf ihres Babys während der Schwangerschaft. Der Schluckauf hilft dem Baby, seine Zwerchfellmuskeln zu dehnen. So bereitet es sich darauf vor, ohne Hilfe der Mutter atmen zu können, wenn es geboren wird. **Nach der Geburt ist der Schluckauf aber nutzlos.**

Ein weit verbreiteter Glaube in Indien ist: Wenn du Schluckauf hast, denkt jemand an dich, der dich liebt.

DER PANDA IST NUR GELIEHEN
TIERE

Seitdem Pandabären vom Aussterben bedroht sind, verschenkt China seine Nationaltiere nicht mehr an die Zoos in aller Welt – die Pandas werden nur noch verliehen. Dadurch soll ihre ordnungsgemäße Aufzucht und ihr Fortbestehen sichergestellt werden.

Jeder Zoo kann einen Pandabären für zehn Jahre leihen. Danach sollen die seltenen Bären nach China zurückkehren.

Die Mietkosten betragen etwa 900.000 Euro pro Jahr. Das Geld erhält eine Tierschutzorganisation in China, die ein Panda-Zuchtprogramm unterhält.

Für die meisten Zoos ist das Mietprogramm zu teuer. Außer den Kosten für die Ausleihe kommen weitere Kosten hinzu. Pandabären sind sehr pflegeintensiv und fressen ausschließlich Bambuspflanzen.

WARUM WIR GERNE SCHARF ESSEN
MENSCH

In Mexiko ist der Spätsommer die Zeit der Chili-Ernte, wenn das ganze Land den Duft von gerösteten Chilis genießt. Überall verwandeln die Mexikaner die pikant-scharfen Früchte in schmackhafte Salsa-Soße.

Aber warum mögen viele Menschen scharfes Essen? Tatsache ist, dass der Mensch das einzige Lebewesen ist, das Freude am scharfen Essen hat. Kein Tier hat je diese Neigung gezeigt.

Es gibt sogar Wettbewerbe im Chili-Pfeffer-Essen, um herauszufinden, wer die meiste Schärfe verträgt.

Einige Experten behaupten, dass wir Chilis mögen, weil sie gut für uns sind. Sie helfen, den Blutdruck zu senken, und sie bekämpfen Bakterien im Körper.

Andere Experten finden, dass dies zu wenige gute Eigenschaften sind, um den Hang zu chili-gewürztem Essen nachzuweisen.

Die einfachste Erklärung sei einfach der Nervenkitzel – so wie wir Menschen die einzigen Lebewesen sind, die Fallschirmspringen, Achterbahnen und Gruselfilme mögen.

BEETHOVEN KONNTE NICHT MULTIPLIZIEREN

SCHULE

Ludwig van Beethoven ist wohl einer der größten Komponisten der Musikgeschichte. Besonders bekannt ist seine »9. Sinfonie«, die die Grundlage der Europahymne ist.

Als Kind besuchte der berühmte Pianist die Bonner Lateinschule Tirocinium. Dort lernte er Lesen und Schreiben, und etwas Mathematik. Allerdings lernte er nie zu multiplizieren oder zu dividieren. Als Erwachsener musste er einmal 62 mit 50 multiplizieren, und schrieb die Zahl 62 fünfzig Mal untereinander, um sie zu addieren.

Du merkst, dass sogenannte »Genies« auch ihre Schwächen haben, und dass du in manchen Dingen schon weiter als Beethoven bist.

WIE MAN ALLEINE IM MEER ÜBERLEBT
WELT

Im Zweiten Weltkrieg heuerte die britische Handelsflotte chinesische Seeleute an. So kam es, dass der 25-jährige chinesische Poon Lim als Steward (Kellner) auf einem britischen Schiff in Südafrika arbeitete.

Am 23. November 1942, mitten im Zweiten Weltkrieg, wurde sein Schiff **von zwei Torpedos getroffen und versenkt.** Poon Lim schnappte sich eine Rettungsweste und sprang vom sinkenden Schiff.

Nach zwei Stunden im Wasser fand er ein etwa zwei mal zwei Meter großes, hölzernes Floß. Es hatte Dosenbrot, ein Krug Wasser, eine Plane und Rettungsleuchten an Bord.

Poon Lim benutzte die Plane auf dem Floß, um einen groben Unterstand zu bauen. Zudem benutzte er die Plane zum Auffangen von Regenwasser. Aus dem Draht der Rettungsleuchte bastelte er einen Angelhaken. Poon Lim fing Vögel, kleine Fische und sogar Haie, die er tötete und mit scharfen Kanten der Dose zerschnitt.

Am 5. April 1943 wurde er von drei brasilianischen Fischern gerettet, als er sich der Küste Brasiliens näherte. Poon Lim hält bis heute mit 133 Tagen den Rekord im alleinigen Überleben auf hoher See.

Nach seiner Rettung wurde er berühmt, hielt Vorträge und brachte Matrosen der US-Marine seine Überlebenstechniken bei.

DIE UNGLAUBLICHEN GESCHICHTEN VON MILON

SPORT

Milon von Kroton (555 - 510 v. Chr.) ist einer der größten Wettkämpfer der Geschichte. Er war sechsmaliger Olympiasieger im Ringen und gewann unzählige weitere Wettkämpfe. Er hatte eine so große Kraft, dass die Leute glaubten, er sei der Gottessohn von Zeus.

Regelmäßig trainierte er mit einem kleinen Kalb auf seinen Schultern, so dass er das Tier noch stemmen konnte, als es längst zum Stier herangewachsen war. Weitere unglaubliche Anekdoten:

- Milon trug seine eigene Bronzestatue an ihren Platz in Olympia.
- Milon trug einen Stier auf seinen Schultern ins Stadion, wo er ihn schlachtete, grillte und am selben Tag verschlang.
- Milon konnte einen Granatapfel halten, ohne ihn zu beschädigen, während andere versuchten, ihn aus seinen Fingern zu lösen.

Außerdem hätten wir ohne Milon keinen Satz des Pythagoras. Als eine Säule in einem Saal zusammenbrach, stützte er das Dach mit seinen bloßen Händen, bis Pythagoras in Sicherheit war.

SIND MEERJUNGFRAUEN ECHT?

WELT

Im Jahr 2013 strahlte der amerikanische Fernsehsender Animal Planet einen Dokumentarfilm aus. Der Titel: »Meerjungfrauen – der neue Beweis«.

Dieser lustig gemeinte Film behandelte auf seriöse Weise das Thema Meerjungfrauen und den angeblichen Beweis für ihre Existenz. Die Ernsthaftigkeit sollte den Spaß verstärken, denn es würde doch niemand wirklich an Meerjungfrauen glauben, oder? Oder?

Leider doch. Noch während die Sendung lief, riefen viele der 3,6 Millionen Zuschauer beim Sender an und fragten nach, ob die Behauptungen stimmten. Schließlich musste sogar ein Büro der US-Regierung eine Erklärung abgeben, um die Sache richtig zu stellen.

WARUM ELEFANTEN SO EIN GUTES GEDÄCHTNIS HABEN

TIERE

Das Gehirn eines Elefanten ähnelt unserem Menschengehirn auf bemerkenswerte Weise. Wir beide haben eine Großhirnrinde, die für Willenskraft und Problemlösung zuständig ist.

Und wir beide verfügen über einen hoch entwickelten Teil im Gehirn, den Hippocampus, mit dem wir uns gut erinnern können. Mit diesem guten Gedächtnis ist ein Elefant in der Lage, mit vielen gefährlichen Situationen umzugehen.

Einmal wurde dies bei einem Wassermangel bestätigt. Ein älteres Elefantenweibchen **konnte sich erinnern, wo es Jahrzehnte zuvor Wasserquellen gab** und ihre Herde dorthin führen.

Ich erinnere mich an dich!

Elefanten sind in der Lage, alle Mitglieder ihrer Herde zu erkennen. Das wurde 1999 in einem Tierpark für gefährdete Elefanten in Tennessee, USA, deutlich.

Das Elefantenweibchen Jenny wurde sehr lebhaft, als Shirley, ein neuer Elefant, ankam. Es stellte sich heraus, dass beide Elefanten ein paar Monate im selben Zirkus aufgetreten waren – zweiundzwanzig Jahre zuvor.

KALT, WARM, WÄRMER, HEISS

WISSENSCHAFT

Was ist heißer: das Bügeleisen oder der Holzkohlegrill? Lies selbst:

- −273,15 Grad Celsius: der »absolute Nullpunkt«. Es gibt keine Temperatur, die kälter ist in unserem Universum.
- -93 °C: kälteste Temperatur auf der Erde (Antarktis 2010)
- -67 °C: kältester, bewohnter Ort der Erde, gemessen im Februar 1933 in Oimjakon, Russland (460 Einwohner)
- -63 °C: Durchschnitts-Temperatur auf dem Mars
- 0 °C: bei dieser Temperatur gefriert Wasser
- 20 °C: übliche Zimmertemperatur
- 36-37 °C: normale Körpertemperatur des Menschen
- 50-300 °C: Temperatur im Backofen
- 230 °C: höchste Temperatur eines Bügeleisens
- 500 °C: Flamme eines Holzkohlegrills
- 926-1526 °C: Bunsenbrenner (kleiner Gasbrenner)
- 1.400 °C: der heißeste Teil der Flamme einer Wachskerze
- 5426 °C: Temperatur an der Oberfläche der Sonne
- etwa 30.000 °C: Temperatur der Luft um einen Blitz
- etwa 15 Millionen °C: Temperatur im Sonnenkern

WIE DIE WELT OHNE ZAHLEN WÄRE

SCHULE

Wie selbstverständlich lernen wir im Kindergarten und in der Schule die Welt der Zahlen kennen. Das ist auch gut so, denn **Zahlen sind sehr wichtig für unser Leben.** Ohne Zahlen wüssten wir nicht, wie spät es ist, wie viel etwas kostet oder wie groß wir sind.

Dennoch leben noch heute einzelne Kulturen auf der Erde ohne Zahlen, beispielsweise die Völker der Munduruku und der Pirahã im brasilianischen Amazonas-Gebiet.

In einem Experiment steckte ein Forscher eine Nuss nach der anderen in eine Dose. Dann nahm er eine nach der anderen wieder heraus. Die Munduruku verloren den Überblick, wie viele Nüsse in der Dose verblieben – selbst wenn es nur vier Nüsse waren.

Keiner von uns ist also von Geburt an ein »Zahlenmensch«. Wir alle müssen die Zahlen erst mühsam lernen. Aber dadurch weißt du wenigstens, wann es Zeit für deinen Geburtstagskuchen ist.

DIE URSACHE VON SEITENSTECHEN
MENSCH

Seitenstiche nerven. Aber warum bekommen wir sie überhaupt?

Wenn du läufst, verbrauchst du mehr Luft als beim Gehen, Sitzen oder Schlafen. Damit deinem Körper trotz des Laufens genug Luft zur Verfügung steht, musst du mehr Luft einatmen, und dein Herz muss schneller pumpen.

Das setzt deinen Körper unter Druck, aber zum Glück hat er eine Geheimwaffe: die Milz, ein Organ in deinem Bauch. Die Milz hat immer einen kleinen Vorrat an Blut, das viel Luft enthält. Wenn du mehr Luft brauchst, wie beim Laufen, führt die Milz dieses Blut in deinen Körper.

Dabei zieht sie sich zusammen. Das drückt zwar das zusätzliche Blut in den Körper, aber es fühlt sich auch unangenehm an, wie bei einem Muskelkrampf. Das sind die Seitenstechen.

Um Seitenstechen zu vermeiden, laufe erst langsam und dann schneller. Versuche, während des Laufens regelmäßig und tief einzuatmen. Je öfter du trainierst, umso seltener bekommst du Seitenstechen.

UNGEWÖHNLICHER INSEKTENSCHUTZ FÜR EINEN PHARAO

GESCHICHTE

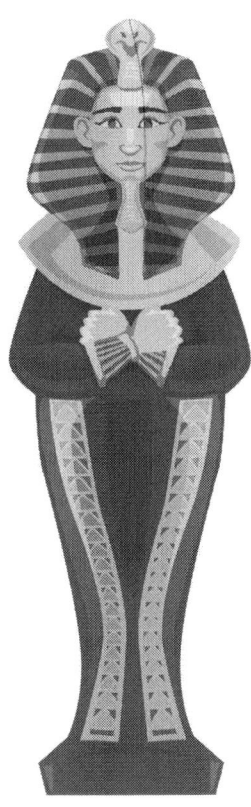

Pharao Pepi II. lebte im dritten Jahrhundert vor Christus.

Angeblich bestieg er bereits mit sechs Jahren den Thron und starb erst im Alter von einhundert Jahren. Damit wäre seine Herrschaft die längste in der Geschichte des alten Ägypten.

Diese lange Zeitspanne erklärt, wie er auf ein ungewöhnliches System zur Vermeidung von Fliegen und Mücken kam, die ihn sehr störten.

Seine Idee? **Er ließ einen Sklaven mit Honig zukleistern.**

Die Fliegen und Mücken stürmten auf den mit Honig eingekleisterten Sklaven und blieben auf ihm kleben.

Gut für den Pharao – aber auch nur für ihn.

DER TIEFSTE TON KOMMT AUS DEM ALL
WELTRAUM

Hast du schon einmal Klavier gespielt? Das Musikinstrument hat 88 Tasten, und wenn du die Taste ganz links spielst, dann hörst du einen sehr tiefen Ton. **Aber gibt es noch tiefere Töne?**

Ja! Schauen wir uns dazu mal den Perseushaufen an. Das ist einer der größten Galaxienhaufen, die wir kennen. Er ist 240 Millionen Lichtjahre entfernt und umfasst etwa 500 bis 1000 Galaxien.

Astronomen entdeckten im Jahr 2003 im Zentrum des Perseushaufens den tiefsten je gemessenen akustischen Ton im Universum.

53 Stunden lang beobachteten Forscher den Perseushaufen durch das Weltraum-Röntgenteleskop Chandra. Dann entdeckten sie Klangwellen in der Mitte des Perseushaufens.

Die Wellenlänge war nahe dem Ton B, 57 Oktaven unter dem eingestrichenen C. Das ist ungefähr so, als gäbe es neben der links gelegensten Taste des Klaviers noch 600 weitere Tasten.

SPRACHEN HABEN CHARAKTER

SPRACHE

Wenn man eine Sprache nicht beherrscht, dann achtet man eher auf den Klang und die Sprachmelodie. Französisch klingt charmant und liebevoll, Spanisch klingt etwas hektisch und Dänisch einfach lustig.

Als Deutschsprechende sind wir an den Klang der deutschen Sprache gewöhnt, aber ausländische Ohren bezeichnen das Deutsche oft als »sehr hart«.

Das liegt an den vielen Konsonanten in unserer Sprache, wie zum Beispiel in den Wörtern »Angst« oder »Strumpf«. Außerdem enden unsere Verben nicht mit einem wohlklingenden Vokal, sondern immer mit »-en«, zum Beispiel »bitten«, »klagen« oder »schmatzen«.

Vergleiche einmal den Klang von zwei zufälligen Wörtern in verschiedenen Sprachen:

- Englisch: surprise und butterfly
- Französisch: surprise und papillon
- Italienisch: sorpresa und farfalla
- Spanisch: sorpresa und mariposa
- Deutsch: Überraschung und Schmetterling

DIE KANINCHEN-INSEL
TIERE

Es gibt viele schöne Inseln auf der Erde, aber Okuno-shima, besser bekannt als die Kanincheninsel, ist wahrscheinlich die süßeste.

Die kleine Insel liegt in der Ostsee Japans und wird von Tausenden von Wildkaninchen bewohnt. Die Kaninchen streifen durch die Wälder, jagen Touristen hinterher und tauchen in Internet-Videos auf.

Es gibt viele Theorien darüber, woher die Kaninchen stammen. Eine besagt, dass acht Kaninchen 1971 von Schulkindern auf die Insel gebracht wurden.

Da es auf der Insel keine natürlichen Feinde wie Füchse oder Schlangen gibt, und Touristen keine Hunde oder Katzen mitbringen dürfen, konnten sich die Kaninchen stark vermehren.

Ohne Feinde haben die Kaninchen nie gelernt, Angst zu haben, daher lassen sie sich gerne von den Inselbesuchern streicheln.

ANDERE LÄNDER, ANDERE SITTEN
WELT

Wenn du andere Länder besuchst, solltest du dich vorher über das Land und seine Sitten informieren. Die folgenden Beispiele zeigen dir, was anderenfalls schiefgehen könnte.

Zypern. Bei uns ist es normal, zum Abschied mit der Hand zu winken. In Zypern bedeutet diese Geste allerdings »Dreckiger Mist ins Gesicht«, und das gilt natürlich als sehr unhöflich.

Israel. Deutsche Eltern verbringen Jahre damit, ihren Kinder beizubringen, dass man andere Menschen nicht unterbricht. In Israel ist es umgekehrt. Wer nicht unterbricht, zeigt damit, dass er nicht wirklich zuhört und sich nicht mit dem beschäftigt, was gesprochen wird.

Iran. Wenn wir in Westeuropa den Daumen einer Hand nach oben recken, dann wollen wir damit sagen, dass uns etwas gefällt. Im Iran zeigt man mit dem Daumen sozusagen den Mittelfinger.

Schweden. Anstatt zu sagen »ich stimme dir zu« oder einfach nur zu nicken, macht man in Schweden ein scharfes Sauggeräusch.

Georgien. In Georgien wird der Vater »Mama« genannt, und die Mutter »deda«, wie das englische Wort »Dad« (Vater).

Südkorea. Ein Häkchen bei einem Test bedeutet, dass die Antwort falsch ist. Die richtige Antwort kennzeichnet ein Kreis.

WIE LANGE ES DAUERT, BIS ETWAS ZERFÄLLT

WISSENSCHAFT

Wenn du etwas in den Mülleimer wirfst, scheint der Gegenstand für immer aus deinem Leben verschwunden zu sein. Tatsächlich hat sein Zerfall gerade erst begonnen. **Einige Dinge brauchen sehr, sehr lange, um sich zu zersetzen:**

- 1-4 Wochen: Obst und Gemüse
- 6 Wochen: Bananenschalen und Cornflakes-Verpackungen
- 6 Monate: T-Shirts aus Baumwolle
- 1-2 Jahre: Orangenschalen
- 2-10 Jahre: Zigarettenstummel
- 10-20 Jahre: dünne Plastiktüten für Obst und Gemüse
- 50 Jahre: aufgeschäumte Plastikbecher, z. B. für Kaffee
- 80 Jahre: beschichtete Verpackungen wie Chipstüten
- 100 Jahre: Feucht- und Kosmetiktücher, sowie Batterien
- 200 Jahre: Strohhalme aus Plastik
- 500 Jahre: Wegwerfwindeln und PET-Einwegflaschen
- 2000 Jahre: Autoreifen
- etwa 1 Million Jahre oder mehr: Glas

WIE MAN MIT ZWEI HÄNDEN BIS 10.000 ZÄHLEN KANN

SPRACHE

Für die alten Römer war es sehr wichtig, mit den Fingern zu zählen. Ein Gelehrter wurde nur dann ernst genommen, wenn er diese Methode beherrschte.

Dank des englischen Mönches Beda Venerabilis (673 - 735) wissen wir, **wie die Römer mit nur zwei Händen bis zur Zahl 10.000 zählen konnten.**

Die Zahlen werden durch Kombinationen verschiedene Biegungen der Finger darge-stellt. Für die Zahl Eins muss der kleine Finger der linken Hand zur Mitte gebogen werden. Für die Zahlen von 10 bis 90 werden nur der Daumen und der Zeigefinger verwen-det, zum Beispiel wird bei der Zahl 20 die Daumenspitze auf das Mittelgelenk des Zeigefingers gelegt. Kleine Zahlen bis 100 werden mit der linken Hand gezeigt, größere Zahlen mit der rechten.

Den Römern war es sogar möglich, Zahlen größer als 10.000 zu zeigen. Dazu verwendeten sie andere Körperteile - zum Beispiel dort, wo das Herz schlägt, um die Zahl 300.000 darzustellen.

WARUM MANCHE MENSCHEN SOMMERSPROSSEN HABEN

MENSCH

Sommersprossen sind kleine, hellbraune Punkte auf der Haut. Manche Menschen haben viele, und viele haben keine. Sommersprossen sind natürlich und kein Gesundheitsproblem. Aber wie entstehen sie?

Hier kommt Melanin ins Spiel. **Das ist der Farbstoff, der die Farbe unserer Augen, Haare und Haut bestimmt.** Melanin hilft, die Haut vor Sonnenschäden zu schützen, indem es ultraviolette Strahlen der Sonne teilweise reflektiert und aufnimmt.

Wenn Sonnenstrahlen auf deine Haut treffen, reagieren die Melaninzellen in deiner Haut. Sie setzen etwas frei, das die Haut verdunkelt und dich besser vor der Sonne schützt.

Je mehr Melanin du in deiner Haut hast, desto gebräunter siehst du aus. Bei manchen Menschen neigt das Melanin dazu, an einigen Stellen zu verklumpen. Diese Stellen erscheinen dunkler als die sie umgebende Haut. Auf diese Weise entstehen Sommersprossen.

Wenn du viel Zeit in der Sonne verbringst, werden diese Melaninklumpen dazu angeregt, noch mehr Farbpigmente zu produzieren, so dass du dunkler wirst oder sogar mehr Sommersprossen bekommst.

Es hängt von deinen Eltern ab, ob und wie viele Sommersprossen du bekommst. Und: Je älter du wirst, desto mehr verblassen sie.

DER FUSSBALLPROFI, DER KEIN FUSSBALL SPIELEN KONNTE

SPORT

Kann jemand Profi-Fußballer werden, ohne wirklich gut Fußball spielen zu können? Nun, der Brasilianer Carlos Kaiser (geb. 1963) schaffte genau das – mit List und Betrug.

Trotz beschränkter fußballerischer Möglichkeiten ergatterte er gut bezahlte Verträge bei mehreren Mannschaften in Brasilien, Mexiko und Frankreich. **Um als angeblicher Top-Fußballspieler nicht spielen zu müssen, erfand er eine Menge Ausreden.**

Zahnschmerzen. Rückenprobleme. Er sei verletzt, könne also nur das Lauftraining mitmachen. Seine Großmutter sei gestorben. Entzündung im Knie. Einmal betrank er sich sogar absichtlich vor einem Spiel und geriet in eine Polizeikontrolle.

Seine Teamkollegen durchschauten ihn meist schnell. Dennoch verrieten sie ihn nicht, weil er oft ihre Fehlverhalten auf sich nahm und gute Partys für sie organisierte. Journalisten hielten zu ihm, weil er ihnen Informationen über andere Spieler zusteckte.

Einmal wurde es eng, und Carlos Kaiser wurde für ein Spiel aufgestellt. Aber Carlos Kaiser wäre nicht Carlos Kaiser gewesen, hätte er sich nicht zu helfen gewusst: Er fing einen Streit mit Fans an, prügelte sich und wurde vom Platz gestellt – ohne den Ball berührt zu haben.

ES STECKT EIN NAGEL IN DEINEM KÖRPER

MENSCH

Damit dein Körper gesund bleibt, braucht er Nährstoffe. Man unterscheidet Makronährstoffe und Mikronährstoffe.

Zu den Makronährstoffen zählen Kohlenhydrate und Fette als Energiespender, sowie Eiweiße als Baustoff, zum Beispiel für deine Zellen und Haare.

Die Mikronährstoffe heißen so, weil sie im Gegensatz zu den Makronährstoffen in viel geringeren Mengen benötigt werden.

Es gibt vier Arten von Mikronährstoffen: Vitamine, Mineralstoffe (wie Kalzium und Magnesium), Spurenelemente (wie Eisen, Jod und Zink), sowie sekundäre Pflanzenstoffe.

Eisen ist einer der Mikronährstoffe. Er ist sehr wichtig, weil er für den Transport von Sauerstoff in deinem Körper benötigt wird.

Erstaunlicherweise hat ein gesunder Erwachsener etwa drei Gramm Eisen im Körper. Wenn man das Eisen herausnehmen und einschmelzen würde, könnte man einen bis zu drei Zentimeter langen Nagel herstellen.

WARUM NINJAS SICH VON KNOBLAUCH FERNHIELTEN

ESSEN

Viele Legenden und Gerüchte ranken sich um die Ninjas – so nennt man die sagenumwobenen Kämpfer aus Japan, die geheimnisvolle Techniken einsetzten.

Sie lebten zwischen dem 15. und 17. Jahrhundert in den wenig zugänglichen Bergen Japans. Ihren Ursprung hatten sie in der armen Landbevölkerung.

Ninjas waren das genaue Gegenteil der edlen Samurai. Anstatt offen zu kämpfen, hielten sie sich tagelang versteckt und spionierten das feindliche Gebiet aus, bevor sie es eroberten.

Sie ernährten sich wie gewöhnliche Bauern in der damaligen Zeit. Es gab zwei Mahlzeiten am Tag, die zumeist aus Hirse, Reiskleie, wildem Gemüse und Pflanzen bestanden. Einigen Überlieferungen zufolge aßen sie auch Heuschrecken, Frösche und Schlangen.

Allerdings gab es einen entscheidenden Unterschied zur bäuerlichen Ernährungsweise. **Besonders scharfes Essen, wie Knoblauch und Lauch, standen nicht auf dem Speiseplan.**

Wenn sich Ninjas tagelang in ihren Verstecken aufhielten, fürchteten sie, vom Feind erschnuppert zu werden.

DER FÄLSCHER VON EIN-DOLLAR-GELDSCHEINEN

GESCHICHTE

Emerich Juettner (1876 - 1955) war ein amerikanischer Mechaniker. Mit 61 Jahren wurde er Schrottsammler, verdiente aber sehr wenig damit. In seiner Not fälschte er Ein-Dollar-Scheine auf billigem Papier.

Juettner begann, in ausgewählten Geschäften in New York mit seinen gefälschten Geldscheinen zu zahlen. Dabei achtete er darauf, niemandem einen falschen Schein zweimal anzudrehen. **So hatte keine Person einen höheren Verlust als einen Dollar.**

Ein Zigarrengeschäft bemerkte die Fälschung und informierte den Geheimdienst. Da Juettner aber immer wieder andere Geschäfte aufsuchte, brauchte der Geheimdienst über zehn Jahre und einen dummen Zufall, um ihn aufzuspüren.

Nach einem Brand in seinem Wohnhaus beschloss Juettner, sein zerstörtes Fälschungsmaterial auf die Straße zu werfen. Eine Gruppe Kinder fand mehrere gefälschte Geldscheine, und so kam ihm der Geheimdienst doch noch auf die Schliche. Juettner wurde zu einem Jahr und einem Tag Gefängnis verurteilt, sowie zu einer Geldstrafe von genau einem Dollar.

Seine Geschichte wurde 1950 verfilmt, und Juettner verdiente mit dem Film mehr als mit seinen Fälschungen.

KENNST DU DEIN NATIONALTIER?

WELT

Jedes Land hat eine Hauptstadt, eine Nationalhymne und eine Flagge. Aber wusstest du, dass fast jedes Land auch ein Nationaltier hat?

 **Deutschland hat als Nationaltier einen schwarzen Adler** mit rotem Schnabel, roter Zunge und roten Füßen. Er wird »Bundesadler« genannt und ist das älteste in Europa verwendete nationale Symbol.

Das häufigste Nationaltier ist der Löwe, zum Beispiel in England, den Niederlanden, Luxemburg, Norwegen, Kenia und Singapur.

Einige Länder haben als Nationaltier Tiere aus der Sagenwelt, so wie Deutschland den Bundesadler, der Drache in China, das Einhorn in Schottland oder der doppelschwänzige Löwe in Tschechien.

Die meisten Länder wählen jedoch Tiere, die es tatsächlich gibt, wie zum Beispiel Russland den Braunbären, Serbien den Wolf, Nepal die Kuh, Spanien den Stier und Australien das Känguru.

Viele Länder haben Vögel als Nationaltier gewählt, zum Beispiel Brasilien die Rotbauchdrossel und Island den Falken.

Eher ungewöhnliche Nationaltiere sind der Hahn in Frankreich, der Panda in China und der putzige Biber in Kanada.

VON SEHR LEICHT ZU SEHR SCHWER
WELT

- 0,00000000000000000000000000000009 Kilogramm: Gewicht eines Elektrons
- 0,0000000000000000006 kg: Gewicht eines Grippevirus
- 0,000000000000001 kg: Bakterie
- 0,00000004 kg: menschliche Eizelle
- 0,000001 kg: Waldameise
- 0,000008 kg: Stubenfliege
- **0,1 kg: Tafel Schokolade**
- 1,3 kg: Gehirn eines durchschnittlichen Erwachsenen
- 250 kg: ausgewachsener Löwe
- 5000 kg: durchschnittlicher Elefant
- 100.000 kg: durchschnittlicher Blauwal
- 181.000 kg: unbeladenes Flugzeug (Boeing 747-400)
- 5.600.000 kg: Schiff der deutschen Marine (F 219)
- 10.100.000 kg: Pariser Eiffelturm
- 40.000.000.000 kg: weltweite Papierproduktion pro Jahr
- 100.000.000.000.000.000.000 kg: Wasser aller Meere

- 7.300.000.000.000.000.000.000 kg: Mond
- 597.360.000.000.000.000.000.000 kg: unsere Erde

WIE TIERE SICH SELBST VERARZTEN KÖNNEN

TIERE

Wenn Tiere Schmerzen haben, können sie nicht einfach zum Arzt gehen. Trotzdem wissen sich manche Tierarten zu helfen.

Zum Beispiel weibliche Orang-Utans auf der südostasiatischen Insel Borneo. Ihnen schmerzen oft die Armgelenke, weil sie ihre schweren Babys durch das Blätterdach des Waldes schleppen müssen.

Einige Weibchen kauen dann die Blätter einer Pflanze, die sie normalerweise nicht fressen. Dann reiben sie die Paste auf die schmerzende Stelle am Armgelenk. Wissenschaftler fanden heraus, dass die Paste Linderung verschafft und Entzündungen vorbeugt.

Es gibt viele weitere Beispiele. Wenn einige Eidechsenarten von Schlangen gebissen werden, fressen sie bestimmte Wurzeln und sterben dadurch nicht am Schlangengift.

Spatzen bauen Zigarettenkippen in ihre Nester ein, nachdem sie herausfanden, dass das in den Zigaretten enthaltene Nikotin krank machende Milben abtötet.

Forscher spekulieren, ob nicht unsere frühen Vorfahren das erste medizinische Wissen erlangten, indem sie Tiere beobachteten.

WITZIGES ÜBER DIE DEUTSCHE SPRACHE, TEIL 2
SPRACHE

- 2017 ermittelte die Duden-Redaktion, dass die deutsche Sprache etwa 23 Millionen Wörter umfasst. Der neueste Duden enthält aber nur etwa 150.000 Stichwörter.
- Das Wort »Band« hat vier verschiedene Mehrzahlformen: Bände (wie in Buchband), Bands (wie in Rockband), Bänder (wie in Tonband) und Bande (Familienbande).
- Homographen sind Wörter, die bei gleicher Schreibweise unterschiedliche Bedeutungen haben, zum Beispiel Stau|becken und Staub|ecken, oder Ver|sendung und Vers|endung.
- Laut einer Duden-Untersuchung **sind die am häufigsten falsch geschriebene Wörter** »lizenzieren« (statt mit »s«), »sympathisch« (ohne »h«), »Standard« (mit »t«) und »Terrasse« (nur ein »r«).
- Die längsten Wörter im Duden-Wörterbuch sind »Aufmerksamkeitsdefizit-Hyperaktivitätsstörung« (44 Buchstaben), »Kraftfahrzeug-Haftpflichtversicherung« (36 Buchstaben) und das vielzitierte Wort »Donau-Dampf-

schifffahrtsgesellschaft« mit 34 Buchstaben. Wärst du in der Lage, diese Wörter fehlerfrei zu schreiben?

WAS DU NICHT ÜBER DEINEN KÖRPER WUSSTEST

MENSCH

- Das durchschnittliche menschliche Gehirn hat etwa 100.000.000.000 Nervenzellen.
- Die Nervenimpulse des Gehirns bewegen sich mit einer Geschwindigkeit von bis zu 274 Kilometern pro Stunde.
- 72 verschiedenen Muskeln müssen zusammenarbeiten, damit wir sprechen können.
- Im Verhältnis zur Größe ist der stärkste Muskel im Körper die Zunge.
- **Wenn du niest, stoppen kurzzeitig alle deine Körperfunktionen, sogar dein Herz.**
- Babys werden ohne Kniescheibe geboren. Sie wachsen erst ab dem dritten Lebensjahr.
- Haare werden aus der gleichen Substanz wie Fingernägel hergestellt.
- Die Länge des Fingers bestimmt, wie schnell der Fingernagel wächst. Deshalb wächst der Nagel am Mittelfinger am schnellsten, und die Zehennägel wachsen im Durchschnitt doppelt so langsam wie die Fingernägel.
- Jedes Jahr ersetzt dein Körper 98% seiner Atome.

WARUM DIE MILCHSTRASSE SO HEISST

WELTRAUM

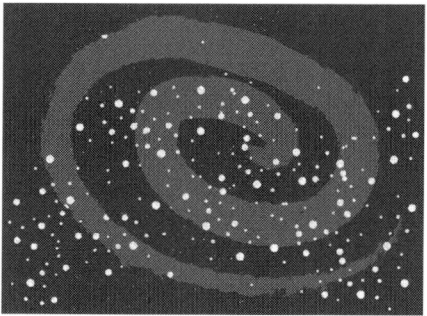

Eine Galaxie ist eine große Ansammlung von Sternen und Planeten. Die Galaxie, in der sich unsere Erde und die Sonne befindet, nennt man die »Milchstraße«.

Bei klarem Nachthimmel kannst du sie mit bloßen Augen sehen. Sie erscheint als heller, schmaler Streifen. Früher stellte man sich vor, sie bestünde aus Gas, Staub oder Milch.

Bei den alten Griechen hieß sie »Galaxías Kýklos« oder »Milchband«. Die Römer nannten sie »Via Lactea« oder »Straße der Milch«.

Einige Kulturen haben andere Namen für die Milchstraße, zum Beispiel »Himmelsfluss« oder »Rückgrat der Nacht«.

SO KANNST DU DIE GRÖSSE DEINES HERZENS BESTIMMEN
MENSCH

Dein Herz schlägt rund um die Uhr und darf nie eine Pause machen. **Wie schnell es immerzu schlagen muss, bestimmt dein Alter und deine Fitness.**

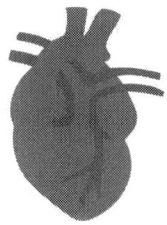

Je älter du wirst, und je fitter du bist, desto weniger oft schlägt es. Bei Neugeborenen schlägt das Herz noch bis zu 160 Mal pro Minute.

Bei Kindern ab zehn Jahren und Erwachsenen, die keinen Sport treiben, schlägt das Herz nur noch 60 bis 100 Mal pro Minute.

Bei einem gesunden Sportler schlägt es nur 40 bis 60 Mal pro Minute. Auch deshalb ist Sport gesund.

Du kennst sicher die Redewendung »Lachen ist gesund«. Wenn du einen lustigen Film guckst, dann lässt jedes kräftige Lachen ein Fünftel mehr Blut durch den Körper fließen.

Wenn du lachst, entspannen sich die Wände deiner Blutgefäße. Deshalb ist Lachen nicht nur sprichwörtlich die beste Medizin.

Zurück zum Thema: Wenn du wissen willst, wie groß dein Herz ist, dann balle eine Faust. Dein Herz ist etwa so groß wie diese Faust.

WÖRTER, DIE ES NICHT AUF DEUTSCH GIBT

SPRACHE

Hast du schon einmal Schwierigkeiten gehabt, das perfekte Wort zu finden? Glücklicherweise gibt es andere Sprachen, die ausdrücken können, wofür wir kein Wort haben:

- **Frankreich:** »chanter en yaourt«, auf Deutsch: »im Joghurt singen« – wenn man beim Singen Wörter erfindet, weil man den Liedtext nicht kennt
- **Indonesien:** »Jayus«, ein Witz, der so schlecht ist, dass man trotzdem lachen muss
- **Norwegen:** »Utepils« – ein Bier, das man draußen trinkt
- **Spanien:** »sobremesa«, auf Deutsch »Tischdecke« – beschreibt mit einem Wort die Zeit, die man am Tisch nach dem Essen in geselliger Gesprächsrunde bleibt
- **Grönland:** »Iktsuarpok«, wenn man auf jemanden wartet und ständig draußen nachsieht, ob die Person kommt
- **Ungarn:** »Madárlátta« – Essen, das man zu einem Picknick mitnimmt, dann aber nicht isst
- **Georgien:** »Shemomechama«, auf Deutsch: »ups, ich habe aus Versehen alles aufgegessen«, oft zu Weihnachten

DIE KANINCHEN-ATTACKE AUF NAPOLEON

GESCHICHTE

Napoleon Bonaparte (1769 - 1821) war französischer General und Kaiser der Franzosen. Im Geschichtsunterricht lernst du, dass Napoleons größte Niederlage 1815 in Waterloo war.

Oder war sie vielleicht acht Jahre zuvor, als ihn eine wütende Meute Kaninchen angriff?

Nachdem Napoleon einen Friedensvertrag mit Russland und Preußen schloss, wollte er wohl zu diesem Anlass an dem aufkommenden Sport der Kaninchenjagd teilnehmen.

Seine Männer sammelten zu diesem Zweck bis zu eintausend Kaninchen, die schließlich bei der Jagd freigelassen wurden. Jeder erwartete, dass die Wildkaninchen Angst vor Menschen haben und um ihr Leben rennen würden. Leider war niemandem klar, dass sie Hauskaninchen gesammelt hatten.

Sie waren an Menschen gewöhnt und erwarteten nichts anderes, als dass sie gefüttert wurden. **Also stürmten Hunderte von hungrigen Langohren auf Napoleon und seine Männer zu.** Schnell war Napoleon umzingelt. Er schüttelte einige Tiere ab, aber sie waren zu viele und kletterten sogar die Beine des Kaisers hoch. Napoleon blieb nur die schmachvolle Flucht mit der Kutsche.

DIE KLÄNGE DER WASSERMUSIK

WISSENSCHAFT

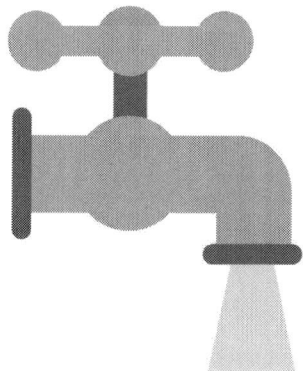

Wenn Wasser fließt, zum Beispiel wenn du Wasser in ein Glas schüttest, dann entsteht nicht immer dasselbe Geräusch. Es kommt auf die Temperatur des Wassers an.

Höre mal genau hin. Heißes und kaltes Wasser klingen beim Eingießen leicht anders. Kaltes Wasser ist etwas dicker und zäher als heißes Wasser, weil seine Moleküle weniger schnell wackeln.

Aus diesem Grund erzeugt kaltes Wasser einen etwas tieferen Klang. Heißes Wasser ist dünnflüssiger und bildet mehr Blasen. Es sprudelt daher mehr und erzeugt dabei höhere Töne.

WO MAN HEUTE VOR SIEBEN JAHREN LEBT

WELT

Im afrikanischen Land Äthiopien berechnet man das Jahr, in dem wir uns befinden, etwas anders.

Sowohl unser Kalender als auch der äthiopische Kalender beginnen das Jahr Null mit der Geburt von Jesus Christus.

Die äthiopisch-orthodoxe Kirche glaubt jedoch, dass die beiden ersten Menschen Adam und Eva sieben Jahre lang im Paradies lebten, bevor sie von Gott vertrieben wurden. Daher nehmen sie an, dass Jesus Christus in unserem Jahr 7 v. Chr. geboren wurde.

Auch der vierjährige Schaltjahreszyklus des äthiopischen Kalenders richtet sich nach der Bibel. Beispielsweise wird das erste Jahr nach einem Schaltjahr das Johannesjahr genannt.

Etwa alle 600 Jahre ist ein einzigartiger Stern namens »Aqede« zu sehen, der die Sonne beschattet und eine totale Sonnenfinsternis zur Folge hat.

In alten äthiopischen Büchern wird erzählt, wie die Äthiopier lange vor den heutigen Wissenschaftlern von Sonnenfinsternissen wussten. Sie konnten sogar vorhersagen, wann sie stattfinden würden.

PIZZA – EINE EINFACHE FORMEL
SCHULE

Möchtest du wissen, ob du lieber die kleine oder die mittlere Pizza nehmen sollst? Um das Volumen einer Pizza zu berechnen, kannst du diese einfach zu merkende Formel verwenden:

$$\text{Pi} \cdot z \cdot z \cdot a$$

- »Pi« ist die sogenannte Kreiszahl. Sie ändert sich nie und beträgt 3,1415 ... (mit unendlich vielen Nachkommastellen, die hier jetzt nicht wichtig sind)
- »z« ist der Radius der Pizza. Radius nennt man den halben Durchmesser.
- »a« ist die Höhe der Pizza.

Ein Beispiel: Deine Pizza ist 26 Zentimeter breit und zwei Zentimeter hoch. Dann ergibt sich: 3,14 (Pi) mal 13 cm (z) mal 13 cm (z) mal 2 cm (a) = 1.061,32 cm³ (etwa eintausend Kubikzentimeter).

Diese Formel funktioniert natürlich nur, weil wir den Radius »z« und die Höhe »a« genannt haben. **Wirst du von Mathematik auch so hungrig?**

WIE MAN ONLINE IN ANDEREN SPRACHEN LACHT

WELT

Wenn du mit deinen Freunden im Internet chattest, dann verwendest du sicher englische Abkürzungen wie LOL (»laughing out loud«, laut loslachen). In anderen Ländern nutzt man andere Abkürzungen.

- **Koreanisch:** »kkk« oder »kekeke«. Dies kommt von ㅋㅋ ㅋ, oder »keu keu keu« - das koreanische »hahaha«.
- **Spanisch:** »jajaja«. Spanier sprechen »j« wie das deutsche »h« aus, so dass »jajaja« wie »hahaha« klingt.
- **Griechisch:** »xaxaxa«, klingt wie das deutsche »hahaha«.
- **Dänisch:** »ha ha«, »hi hi«, »hæ hæ«, »ho ho« oder »ti hi«.
- **Isländisch:** »haha«, »hehe« oder »híhí«.
- **Russisch:** »хaхa« (haha), хихи (hihi), хехе (hehe).
- **Französisch:** »MDR«, Abkürzung für »mort de rire« oder »sterben vor Lachen«.
- **Japanisch:** Das japanische Kanji-Zeichen für »Lachen«, 笑, wird »warai« ausgesprochen. In Chats wird es zu »w« verkürzt. Und so, wie wir »ha« zu »haha« oder »hahaha« erweitern, wird aus »w« manchmal »ww« oder »www«.

WAS BANANEN UND ATOMKRAFTWERKE GEMEINSAM HABEN

ESSEN

Vielleicht hast du schon einmal ein Atomkraftwerk gesehen. Diese großen Kraftwerke benötigen radioaktive Stoffe, um Strom zu erzeugen. Aber was sind radioaktive Stoffe?

Alle Dinge, also auch Tiere und wir Menschen, bestehen aus kleinsten Teilchen: den Atomen. Die bleiben normalerweise so, wie sie sind. Aber bei manchen Atomen kann der Kern zerfallen. **Dabei entstehen radioaktive Strahlen, die du weder sehen, noch hören oder riechen kannst.**

Wenn die Strahlen freigesetzt werden, entsteht sehr viel Energie. Damit erzeugt das Atomkraftwerk Strom. Die Strahlen sind schädlich für uns Menschen, daher haben die Kraftwerke sehr dicke Mauern.

Schön und gut, aber wie kommen jetzt die Bananen ins Spiel?

Bananen enthalten den Mineralstoff Kalium – das macht die Banane so gesund. Dieses natürlich vorkommende Kalium gibt jedoch radioaktive Strahlung ab. Keine Sorge, du müsstest schon dauerhaft mehr als 30 Bananen pro Stunde essen, bevor es gefährlich würde. So viele schafft nicht einmal der gefräßigste Schimpanse.

WARUM OHRENSCHMALZ FLIEGENFÄNGER GENANNT WIRD

MENSCH

Warum haben wir Schmalz in den Ohren, und wie bildet er sich?

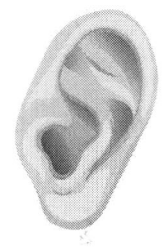

Ohrenschmalz erscheint uns eklig, aber er ist sehr nützlich für die Ohren. Der Schmalz wird von kleinen Drüsen im Ohr produziert. Das funktioniert so ähnlich wie bei den Schweißdrüsen.

Ohrenschmalz besteht aus dem Sekret dieser Drüsen, plus Staub, Haare und abgestorbene Hautzellen.

Es gibt zwei Arten von Ohrenschmalz: trocken und nass. Ältere Menschen haben trockeneres, härteres und brüchigeres Ohrenschmalz. Kinder hingegen haben gewöhnlich feuchten Ohrenschmalz.

Auf dem Weg vom tiefen Inneren des Gehörgangs zum äußeren Ohr legt sich der Schmalz in den Gehörgang und verhindert, dass deine Ohren trocken werden und jucken. Zudem führt der Schmalz auf diese Weise Staub, Schmutz und Fremdmaterialien aus dem Ohr.

Eine weitere Funktion des Ohrenschmalzes ist, dass er Insekten daran hindert, in dein Ohr zu gelangen. Wissenschaftler nennen diese Eigenschaft den »Fliegenfänger«. Reizend, oder?

SO MERKST DU DIR ALLE BUNDESLÄNDER

SCHULE

Eine Eselsbrücke für die deutschen Bundesländer lautet: »Schnelle Hasen nagen besonders nasses Heu. Runde Säue brutzeln Thüringerwürste. Sachkundige Anhalter brunchen bei McPommes.«

- **Sch**nelle = **Sch**leswig-Holstein
- **Ha**sen = **Ha**mburg
- **n**agen = **N**iedersachsen
- **b**esonders = **B**remen
- **n**asses = **N**ordrhein-Westfalen
- **H**eu = **H**essen
- **R**unde = **R**heinland-Pfalz
- **S**äue = **S**aarland
- **b**rutzeln = **B**ayern
- **Thüringe**rwürste = **Thüringe**n
- **Sach**kundige = **Sach**sen
- **Anhalt**er = Sachsen-**Anhalt**
- **br**unchen = **Br**andenburg
- **b**ei = **B**erlin
- **Mc**Pommes = **Meck**lenburg-Vorpommern

DIE ANGST DER ASIATEN VOR DER ZAHL 4

SPRACHE

Du kennst sicher den Aberglauben, dass an einem Freitag, den 13., ein Unglück passieren wird. Das ist natürlich Unsinn, aber die Angst vor der 13 ist in westlichen Ländern wie Deutschland sehr verbreitet.

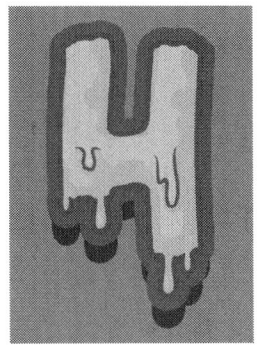

In asiatischen Ländern hingegen, wie etwa China, Japan oder Korea, fürchtet man sich vor der Zahl 4.

Das liegt daran, dass in asiatischen Sprachen das Wort für »vier« so ähnlich klingt wie das Wort für »Tod«.

Dieser Angst begegnet man auch im Alltag. Wenn man in China in einen Aufzug steigt, dann fehlen die Knöpfe für die Stockwerke 4, 14, 24 und so weiter. Manchmal werden die Stockwerke 40 bis 49 sogar ganz ausgelassen.

Wenn jemand in der Familie erkrankt, dann achten die anderen Familienmitglieder darauf, bloß nicht die Zahl 4 zu erwähnen.

Die Angst vor der 4 erregte weltweit Aufsehen, als die Stadt Peking die Bewerbung um die Olympischen Spiele im Jahr 2000 verlor. Statt es 2004 noch einmal zu versuchen, wartete die Stadt lieber bis 2008.

LUSTIGE ESELSBRÜCKEN FÜR DEN ALLTAG

WELT

Mondphasen. Bei einem zunehmenden Mond wird die rechte Seite zuerst hell. Das sieht aus wie der Buchstabe D. Der abnehmende Mond hingegen sieht aus wie der Buchstabe C. Merke: Nimmt der Mond zu, zeigt er dir ein Du.

Zeitumstellung. Wird im Frühjahr oder Herbst die Uhr vor- oder zurückgestellt? Denke einfach an Gartenstühle: Im Frühling stellt man sie **vor** das Haus, im Herbst stellt man sie **zurück** ins Haus.

Kamelarten. Für die Anzahl der Höcker bei Kamelarten zählst du einfach den Buchstaben »e« im Namen. Ein Tramp**e**lti**e**r hat zwei Höcker, ein Drom**e**dar nur einen. Alpaka und Lama haben keine Höcker.

Drehrichtung von Wasserhähnen, Flaschen und Schrauben? **L**osdrehen – **l**inks, **r**eindrehen – **r**echts.

Elefanten. Wie unterscheidet man afrikanische und asiatische (indische) Elefanten? An ihren Ohren. **A**frikanische Elefanten haben **l**aaange Ohren, **i**ndische Elefanten haben w**iii**nzige Ohren.

Tischkultur. Auf welche Seite kommen Messer und Gabel? Achte einfach auf den letzten Buchstaben: Gabe**l** **l**inks, Messe**r** **r**echts.

BOXEN, ABER MIT SCHACH

SPORT

Schachboxen ist eine Kampf- und Denksportart, bei der die beiden traditionellen Sportarten Boxen und Schach miteinander kombiniert werden. Dabei wechseln sich Boxen und Schach in jeder Runde ab.

Diese ungewöhnliche Sportart ist eine seltene Mischung aus gegensätzlichen Fähigkeiten. Kräftige Muskeln und Ausdauer alleine nützen wenig, wenn nicht auch ein scharfer Verstand vorhanden ist.

Ins Leben gerufen wurde das Schachboxen im Jahr 2003 von dem Niederländer Iepe Rubingh (geb. 1974). Er ließ sich von dem Roman »Froid Équateur« inspirieren.

Rubingh bestritt im selben Jahr den weltweit ersten Schachboxkampf gegen Jean Louis Veenstra, den Rubingh gewann. Das historische Ereignis in Amsterdam wurde von über eintausend begeisterten Zuschauern verfolgt.

Wie beim Boxen kann der Kampf durch einen K.O.-Schlag beendet werden. **Beim Schachboxen kommt aber auch ein Sieg durch Ablaufen der Schachzeit oder ein Sieg durch Schachmatt in Frage.**

Der Sport ist besonders beliebt in Deutschland, England, Indien und Russland – den klassischen Schachnationen.

DARAUS BESTEHT BUNTES GLAS
WISSENSCHAFT

Kannst du dir eine Welt ohne Glas vorstellen? Es gäbe keine Fenster, keine Flaschen und obendrein keine Smartphones. Aber wie wird eigentlich Glas hergestellt?

Glas beginnt als fein gemahlener Sand, dem oft auch Scherben aus altem Glas zugegeben wird. Diese Mischung wird gesiebt und in einem großen Ofen erhitzt.

Damit der Sand und die Scherben schmelzen, benötigt der Ofen eine Temperatur von über 1.600 Grad Celsius. So entsteht eine rot glühende Flüssigkeit. **Das ist Glas in seiner reinsten Form.**

Anders sieht es aus, wenn man buntes Glas herstellen will, zum Beispiel für die Fenster einer Kirche oder für Weihnachtsbaumkugeln. Dann gibt man dem Sand einige der härtesten Substanzen zu, die der Mensch kennt: Metalle.

Mit Schwefel wird das Glas gelblich-braun, mit Chromoxid grün, mit Goldchlorid rot und mit Kobaltoxid blau-violett. Jetzt sieht man Weihnachtsbaumschmuck mit anderen Augen.

ANFANGS WOLLTE NIEMAND EINKAUFSWAGEN NUTZEN

GESCHICHTE

Der Erfinder von Einkaufswagen war der Amerikaner Sylvan Nathan Goldman (1898 - 1984), Besitzer der Supermarktkette Humpty Dumpty in Oklahoma.

Er überlegte eines Nachts, wie er die Kunden seines Supermarktes dazu bringen könnte, mehr einzukaufen. Da kam ihm die Idee zu einem Wagen, mit dem seine Kunden mehr Sachen transportieren und kaufen konnten.

Er stellte einen Korb auf einen Holzklappstuhl und montierte Räder an die Stuhlbeine. Wegen des Klappstuhls nannte er seine Wagen »Klappkorbträger«.

Leider gab es ein Problem: Niemand wollte seine Erfindung nutzen. Männer waren zu stolz, um Hilfe beim Tragen anzunehmen. Frauen erinnerte der Klappkorbträger an das mühsame Schieben von Kinderwagen.

Goldman stellte in seinem Geschäft Models ein, um den Nutzen seiner Wagen zu demonstrieren. Eine gute Idee, denn die Einkaufswagen wurden äußerst beliebt und Goldman ein Multimillionär.

SINNE, DIE NUR TIERE HABEN

TIERE

Wir erfahren die Welt über unsere Sinne, deshalb sind sie so wichtig für unser Denken und Verstehen. Einige Tiere besitzen sogar Sinne, die wir Menschen nicht haben.

Elektrischer Sinn. Zitteraale haben veränderte Muskelzellen, die elektrische Ladungen erzeugen. Diese Ladungen sind stark genug, um ihre Beute zu schocken und manchmal zu töten.

Echo-Ortung. Fledermäuse senden hochfrequente Schallimpulse aus. Mit Hilfe der Echos, die von diesen Geräuschen erzeugt werden, können Fledermäuse ihre Umgebung erkunden.

Magnetischer Sinn. So wie die Kompassnadel sich nach dem magnetischen Norden ausrichtet, können sich Tiere mit einem magnetischen Sinn orientieren und große Entfernungen zurücklegen.

Den magnetischen Sinn haben so unterschiedliche Tiere wie Brieftauben, Zugvögel, Meeresschildkröten, Honigbienen, Rotfüchse, Ameisen, Forellen, Thunfische und Lachse.

Infrarot- und ultraviolettes Sehen. Nachts verwenden Klapperschlangen Infrarot-Sinnesorgane, um warmblütige Beutetiere zu erkennen und zu jagen, die sonst völlig unsichtbar wären.

DIE FENSTERSTEUER
GESCHICHTE

Sonnenlicht im Haus konnte viel Geld kosten – durch die 1696 erstmals in England verhängte Fenstersteuer.

Das Land war unter der Herrschaft von Wilhelm III. mal wieder klamm, und so wurde eine neue Steuer eingeführt. Je mehr Fenster ein Haus hatte, desto mehr Steuern musste der Besitzer zahlen.

Diese Fenstersteuer war einfach in der Handhabung. Der Steuerbeamte konnte die Fenster von der Straße aus zählen und musste nicht das Haus betreten.

Daher verbreitete sich die Fenstersteuer in ganz Europa. Frankreich und Deutschland führten sie 1798 ein. Noch heute erinnert in Kassel die Fünffensterstraße in der Nähe des Rathauses an diese Zeit.

Zwar konnte der Hauseigentümer seine Fenster nicht verstecken, trotzdem gingen die Steuereinnahmen mit der Zeit zurück. Bestehende Fenster wurden zugemauert, und neue Häuser wurden mit weniger Fenstern gebaut.

1851 wurde dann die Fenstersteuer in England aufgehoben. Ärzte argumentierten, dass der Mangel an Fenstern die Bewohner krank machen würde.

Die Fenstersteuer wurde schließlich durch eine Haussteuer ersetzt.

DAS VERRÜCKTESTE FUSSBALLSPIEL ALLER ZEITEN

SPORT

Am 27. Januar 1994 spielten die Fußball-Nationalmannschaften von Barbados und Grenada gegeneinander, um sich für den Karibik-Pokal zu qualifizieren. Dieses Spiel ging in die Fußball-Geschichte als **das verrückteste Fußballspiel aller Zeiten ein.**

Der Grund dafür war eine besondere Golden-Goal-Regel: Das erste in der Verlängerung erzielte Tor gewann nicht nur das Spiel, sondern war auch zwei Tore wert.

Barbados benötigte in der Tabelle zwei Tore Vorsprung. Als sie drei Minuten vor Ende 2:1 führten (was nicht reichte), schossen sie absichtlich ein Eigentor. So könnten sie in der Verlängerung mit einem Tor die nötigen zwei Tore Vorsprung erzielen.

Grenada musste jetzt unbedingt ein Tor schießen – egal, ob es das gegnerische oder das eigene war. Barbados verteidigte wild beide Tore auf dem Feld. Es kam zur Verlängerung, in der Barbados das Siegtor schoss. Die besondere Regel wurde danach nie wieder eingesetzt.

WARUM DAS SCHNABELTIER KEIN STREICH WAR

TIERE

Die ersten Wissenschaftler, die das Schnabeltier entdeckten, dachten, es sei eine bewegliche Attrappe.

Wer konnte es ihnen verdenken? Schnabeltiere sehen wirklich seltsam aus. Ein Eier legendes, entenschnabeliges, otterfüßiges, giftiges Säugetier mit einem Biberschwanz musste einfach ein ausgeklügelter Schwindel sein.

Die ersten Wissenschaftler tauften das Tier auf den lateinischen Namen »Platypus anatinus«, die Plattfußente. Der Name blieb hängen, obwohl die Plattfußente später in »Ornithorhynchus anatinus« umbenannt wurde: entenähnliche Vogelschnauze.

Viele Merkmale des Schnabeltiers sind ungewöhnlich. Zusammen mit dem Ameisenigel sind sie die letzten Eier legenden Säugetiere. Zudem sind sie nachtaktiv. Ihr beweglicher Schnabel hat elektronische Sensoren, um im trüben Wasser vergrabene Beute zu entdecken.

Die Männchen haben einen giftigen Sporn in den Hinterbeinen, mit dem sie andere Männchen bekämpfen.

Schnabeltiere fressen täglich mindestens ein Viertel ihres Körpergewichts – kein Wunder bei den vielen Funktionen ihres Körpers.

KEKSE BACKEN IM WELTALL
WELTRAUM

2019 kamen die Astronauten an Bord der Internationalen Raumstation bereits Anfang November in Weihnachtsstimmung. Der Grund? Ein Frachtflugzeug hatte einen neu entwickelten Weltraumofen zur Raumstation gebracht.

Die Astronauten sollten ein besonderes wissenschaftliches Experiment durchführen. Mit Hilfe des blauen Ofens sollten sie bei minimaler Schwerkraft Kekse backen.

Zum Leidwesen der Raumfahrer durften sie die Kekse nicht essen oder auch nur probieren.

Stattdessen wurden die Kekse versiegelt, um später auf der Erde mit geeigneten Geräten analysiert zu werden.

Das Ziel des scheinbar grausamen Experiments war es, herauszufinden, ob das Backen in einer Weltraumumgebung überhaupt möglich ist. Im Weltall ist das Heizen nämlich schwierig.

Heiße Luft steigt nicht einfach nach oben wie auf der Erde. Auch gibt es keine Garantie dafür, dass die Kekse auf der Pfanne bleiben – stattdessen könnten sie einfach davonschweben.

DAS THERAPIESCHWEIN

TIERE

Viele Menschen haben Angst vor Flugreisen. Sie bekommen schweißnasse Hände, Krämpfe, und ihnen wird übel.

Damit es gar nicht erst soweit kommt, hat sich der Flughafen in San Francisco etwas Besonderes überlegt: Tiere zum Streicheln.

Die Idee entstand, als ein Mitarbeiter des Flughafens seinen Therapiehund mit zur Arbeit brachte. An diesem Tag konnte er sehen, wie sein Hund in der Lage war, die Anspannung und den Stress von allen Menschen um ihn herum abzubauen.

Mittlerweile bietet der Flughafen mehrere Bereiche an, in denen Dutzende von Katzen, Hunde und Kaninchen bereitstehen, um den Reisenden die Aufregung zu nehmen.

Alle Tiere sind ausgebildet und werden sorgfältig ausgewählt. Sie tragen putzige Westen mit der Aufschrift »Streichle mich«, um den Kontakt mit den Flughafengästen zu fördern.

Neuestes Mitglied der Tiergruppe ist Lilou, ein fünfjähriges Therapieschwein. Lilou wurde wegen ihrer gewinnenden Persönlichkeit und ihrer niedlichen Erscheinung ausgewählt. Grunz, grunz.

DAS GROSSE WISSENS-QUIZ

1. In welchem Land gab es menschliche Wecker?

   A) Frankreich

   B) Großbritannien

   C) Puerto Rico

2. Warum war die Farbe Lila die Farbe für Könige?

   A) Niemand mochte die Farbe Lila

   B) Die Farbe Lila wurde bereits in der Bibel erwähnt

   C) Die Herstellung des Farbstoffs war teuer

3. Welchen dieser Berufe gab es wirklich einmal?

   A) Gartenzaunhalter

B) Katzenstreichler

C) Bowlingbahn-Pin-Setzer

4. Worüber war Julius Cäsar verärgert, als er entführt wurde?

    A) Das geforderte Lösegeld war zu niedrig

    B) Die Entführung war nicht angekündigt

    C) Er hatte keine Wechselklamotten dabei

5. Welcher Herrscher führte die Fenstersteuer ein?

    A) Wilhelm III.

    B) Heinrich III.

    C) Gonzalez III.

6. Warum wollte anfangs niemand Einkaufswagen nutzen?

    A) Der Wagen erinnerte an Kinderwagen

    B) Der Wagen lief nur auf Schienen

    C) Der Wagen war ständig nass

7. Warum lief Napoleon vor Kaninchen davon?

    A) Sie hatten eine ansteckende Krankheit

    B) Er trug ein Gewand mit Möhrenbildern

    C) Die Kaninchen griffen zu Hunderten an

8. Wo liegt das Fußballstadion, das am Äquator liegt?

    A) Neuseeland

    B) Brasilien

    C) Uruguay

9. Wo fand das erste Extrembügeln statt?

    A) Auf einem Riesenrad

    B) In einem Heißluftballon

    C) Auf einem Berg

10. Welches Land hat die meisten Fußball-Champions-League-Finale gewonnen?

    A) England

    B) Spanien

    C) Deutschland

11. Welche zwei Sportarten wurden miteinander kombiniert?

    A) Bodygolf: Bodybuilding und Golf

    B) Wasserpolo: Wasserball und Reiten

    C) Schachboxen: Schach und Boxen

12. Was hat Milon von Kroton angeblich getan?

    A) Er trug einen Stier auf seinen Schultern

    B) Er erlegte einen Löwen von Hand

C) Er aß 65 Granatapfel an einem Tag

13. Wie lange kann ein Mensch ohne Raumanzug im Weltraum überleben?
    A) 15 Sekunden
    B) 60 Sekunden
    C) 115 Sekunden

14. Gibt es mehr Sterne im Weltall oder mehr Sandkörner auf der Erde?
    A) Mehr Sandkörner
    B) Mehr Sterne
    C) Etwa gleich viele

15. Welcher Raumfahrer war die längste Zeit im All?
    A) Der amerikanische Astronaut Neil Armstrong
    B) Der russische Kosmonaut Gennadi Padalka
    C) Der deutsche Astronaut Andreas Gerz

16. Seit wann ist die Internationale Raumstation dauerhaft bewohnt?
    A) Seit November 2000
    B) Seit April 2005
    C) Seit Juli 2015

17. In welchem Land sprechen die meisten Menschen Portugiesisch?

A) Portugal

B) Sri Lanka

C) Brasilien

18. Was geschah im Jahr 1492?

A) Die erste spanische Grammatik wurde veröffentlicht

B) Der Buchdruck wurde erfunden

C) Christoph Kolumbus wurde geboren

19. Wie sagt man sprichwörtlich auf Englisch »Das kommt mir Spanisch vor«?

A) Das kommt mir Arabisch vor

B) Das kommt mir Griechisch vor

C) Das kommt mir Marsianisch vor

20. Wie heißt Schmetterling auf Französisch?

A) Papillon

B) Farfalla

C) Butterfly

21. Bei welcher Temperatur kocht das Wasser auf dem Mount Everest?

A) Etwa 100 Grad Celsius

B) Etwa 120 Grad Celsius

C) Etwa 70 Grad Celsius

22. Wie klingen kaltes und heißes Wasser?

A) Kaltes Wasser klingt höher

B) Kaltes Wasser klingt tiefer

C) Beide klingen gleich

23. Welches war kein Schulfach im alten Ägypten?

A) Flöte spielen

B) Bildhauerei

C) Astronomie

24. Für wen wurden Schuhe mit hohen Absätzen erfunden?

A) Für männliche Reiter

B) Für weibliche Bogenschützen

C) Für Kinder als Ersatz für Stelzen

25. Welchen Namen hatte das Schnabeltier zuerst?

A) Plattfußente

B) Biberschwanzotter

C) Ameisenelefant

26. Welche Tiere leben auf der japanischen
Insel Okunoshima?

A) Braunbären

B) Erdmännchen

C) Kaninchen

27. Welches Therapietier bietet der Flughafen
in San Francisco an?

A) Therapiepferd

B) Therapieschwein

C) Therapiemaulwurf

28. Was berechnet man mit der Formel
»Pi · z · z · a«?

A) Das Volumen einer Pizza

B) Die Temperatur einer Pizza

C) Die Dauer der Pizza-Lieferung

29. Was konnte der große Komponist Ludwig van
Beethoven nicht?

A) Singen

B) Briefe schreiben

C) Multiplizieren

30. Wo stinken Blähungen am schlimmsten?

  A) Im Flur

  B) In der Dusche

  C) Im Bus

31. Warum soll es gesund sein, scharf zu essen?

  A) Es hilft beim Abnehmen

  B) Es löst den Nasenschleim

  C) Es bekämpft Bakterien im Körper

32. Woran kann man Zwillinge unterscheiden?

  A) Am Bauchnabel

  B) Am Fingerabdruck

  C) An der Stimmlage

33. Zu welchen Nährstoffen zählt das Eiweiß?

  A) Multinährstoff

  B) Makronährstoff

  C) Mikronährstoff

34. Welches Organ ist für Seitenstechen verantwortlich?

  A) Die Bauchspeicheldrüse

B) Der Blinddarm

C) Die Milz

35. Was kann dein Körper nicht gleichzeitig tun?

   A) Summen, während du die Nase zuhältst

   B) Essen mit geschlossenen Augen

   C) Gleichzeitig trinken und blinzeln

36. Warum bekommen wir Menschen Schluckauf?

   A) Durch Reizung des Zwerchfells

   B) Durch Verkrampfung der Schulterblätter

   C) Weil jemand an dich denkt

37. Warum haben wir Schmalz in den Ohren?

   A) Es gibt keinen besonderen Grund

   B) Der Schmalz sorgt für besseres Hören

   C) Der Schmalz führt Schmutz aus dem Ohr

38. Wann müssen wir öfter rülpsen?

   A) Wenn wir mehrere Minuten lachen

   B) Wenn wir mit einem Strohhalm trinken

   C) Bei Regenwetter

39. Was ist das Besondere an Bananen?

   A) Alle sind Kopien einer einzigen Banane

   B) Sie wachsen auch bei Trockenheit

   C) Sie waren früher rot

40. Wie groß ist etwa dein Herz?

   A) Wie dein Oberarmmuskel

   B) Wie deine Wade

   C) Wie deine geballte Faust

41. Welches Volk bezahlte mit Kakaobohnen?

   A) Die alten Griechen

   B) Die Sumerer

   C) Die Azteken

42. Warum wird Honig niemals schlecht?

   A) Weil er antibakteriell ist

   B) Weil er zähflüssig ist

   C) Weil er nicht vertrocknen kann

43. Was enthielten Überraschungskuchen im 16. Jahrhundert?

   A) Spielzeug

   B) Amseln

   C) Eine Mini-Torte

44. Was ist die hässlichste Farbe der Welt?

A) Helles Türkis

B) Dunkles Olivgrün

C) Fliederfarbenes Violett

45. Wodurch wurde Poon Lim berühmt?

A) Er überlebte 49 Tage auf einer Eisscholle

B) Er überlebte 98 Tage auf einer Insel

C) Er überlebte 133 Tage auf dem Meer

46. Welche Abkürzung benutzen Franzosen im Internet statt »LOL«?

A) BR

B) MDR

C) SWR

47. Wie lange schläft ein Schwein im Durchschnitt?

A) Etwa 3,9 Stunden

B) Etwa 12,1 Stunden

C) Etwa 7,8 Stunden

48. Welches Geräusch machen Schweden, wenn sie dir zustimmen?
   A) Sie pusten zweimal
   B) Sie saugen Luft ein
   C) Sie rollen das »R«

49. Welches Computerspiel kann bei Schwachsichtigkeit helfen?
   A) Minecraft
   B) Tetris
   C) Monopoly

50. Was fehlt Babys bei der Geburt?
   A) Kniescheiben
   B) Nebennieren
   C) Tränendrüsen

51. Welchen Klang machen Geparden?
   A) Sie röhren wie ein Löwe
   B) Sie zischen wie eine Schlange
   C) Sie ziepen wie ein Vogel

52. Welches der folgenden Sportobjekte ist das schnellste?
   A) Fußball
   B) Golfball

C) Tischtennisball

53. Warum schnarchen Astronauten im Weltraum
nicht?
  A) Es gibt weniger Schwerkraft
  B) Es wird weniger Popel gebildet
  C) Es fehlen die Erkältungsviren

54. Welche Tiere haben grünes Blut?
  A) Einige Eidechsenarten
  B) Einige Fledermausarten
  C) Einige Rattenarten

55. Welches globale Sportereignis ist relativ
unbekannt?
  A) Hunger Games
  B) Earth Games
  C) World Games

56. Warum sind französische Zahlen seltsam?
  A) Alle Zahlen reimen sich
  B) 90 heißt »4 mal 20 plus 10«
  C) 25 heißt »Ziegenkäse« rückwärts

57. Wie heißt die Eselsbrücke für die Himmelsrichtungen?
   A) Nie Ohne Schnuller Wandern
   B) Nie Ohne Seife Waschen
   C) Nur Ochsen Saufen Whisky

58. Wie lange dauert es, bis eine Chipstüte zerfällt?
   A) 8 Monate
   B) 8 Jahre
   C) 80 Jahre

59. Was haben Bananen und Atomkraftwerke gemeinsam?
   A) Sie sind beide radioaktiv
   B) Sie sind beide aus demselben Material
   C) Beide kommen ursprünglich aus Timbuktu

60. Warum haben Elefanten so ein gutes Gedächtnis?
   A) Ihr Gehirn ähnelt unserem
   B) Sie führen Merklisten
   C) Sie essen gerne Brokkoli

ANTWORTEN

1B, 2C, 3C, 4A, 5A,
6A, 7C, 8B, 9C, 10B,

11C, 12A, 13A, 14B, 15B,
16A, 17C, 18A, 19B, 20A,

21C, 22B, 23A, 24A, 25A,
26C, 27B, 28A, 29C, 30B,

31C, 32A, 33B, 34C, 35A,
36A, 37C, 38B, 39A, 40C,

41C, 42A, 43B, 44B, 45C,
46B, 47C, 48B, 49B, 50A

51C, 52B, 53A, 54A, 55C,
56B, 57B, 58C, 59A, 60A

BAND 1: 100 VERBLÜFFENDE FAKTEN FÜR COOLE KIDS

Der erste Band der Buchreihe »Fakten für coole Kids« bietet Antworten auf spannende Fragen wie

- Wo fährt man mit einer Seilrutsche zur Schule?
- Wer ist der dümmste Bankräuber aller Zeiten?
- Warum gefriert heißes Wasser schneller als kaltes?
- Wer erfand Glitter und warum?

- Wie viele Leute brauchen wir für eine Weltraumkolonie?
- Warum hatten Europäer früher Angst vor Tomaten?

Erfahre unglaubliche Fakten in den zehn Themenbereichen Sport, Weltraum, Mensch, Wissenschaft, unsere Welt, Geschichte, Schule, Sprache, Essen und Tiere.

Kann man Astronauten Pizza liefern? Welcher Herrscher war immun gegen Gift? Was haben Giraffen und Sofas gemeinsam? Mit welchen Tricks kann man schneller multiplizieren?

Viele Bilder, eine einfache Sprache und kurze Texte machen das Buch auch für Lesemuffel zum Vergnügen. Mit großem Wissens-Quiz.

Kundenstimmen auf Amazon.de:

»Meine beiden Jungs kommen nach Hause und streiten sich als Erstes um das Buch. Sie suchen sich dann was Cooles raus und können es gar nicht abwarten, es mir oder dem Papa zu erzählen!« - Elisa

»Habe das Buch für meinen Neffen gekauft, und er ist begeistert. Er hört gar nicht mehr auf, über das Buch zu sprechen. Ganz klar weiterzuempfehlen.« - Nora

»Echt genial! Es fördert ungemein den Drang zu mehr Wissen. Wir haben als Familie viel geschmunzelt und gelacht. Und von einigen Fakten sprechen wir immer noch.« - Ralf Lendi

Jetzt bei Amazon erhältlich!

- ISBN 978-3-948577-04-9 (eBook)
- ISBN 978-3-948577-05-6 (Taschenbuch)
- www.signifant.de

BAND 2: 100 ERSTAUNLICHE FAKTEN FÜR COOLE KIDS

Der Spaß geht weiter! Auch Band 2 der Reihe »Fakten für coole Kids« bietet wieder viele erstaunliche und unterhaltsame Fakten. Du erfährst die Antworten auf spannende Fragen wie

- Wo regnen Frösche vom Himmel?
- Wofür brauchen Astronauten Klebeband?
- Warum sind Eier oval?

- Warum trugen Piraten Augenklappen?
- Kann man im Weltall Bier brauen?
- Welches Tier ist das lauteste der Welt?

Erfahre unglaubliche Fakten in den zehn Themenbereichen Sport, Weltraum, Mensch, Wissenschaft, unsere Welt, Geschichte, Schule, Sprache, Essen und Tiere.

Viele Bilder, eine einfache Sprache und kurze Texte machen das Buch auch für Lesemuffel zum Vergnügen. Mit großem Wissens-Quiz.

Kundenstimmen auf Amazon.de:

»*Mein Sohn und ich lesen gerne aus diesem Buch. Man kann sehr viel lernen. Ich bin mit dem Kauf sehr zufrieden.*« - Boguslawski

»*Dieses Buch ist super geeignet, sein Kind sinnvoll zu beschäftigen. Ich würde es auf jeden Fall weiterempfehlen.*« - M.W.

»*Tolles Buch mit wunderschönen Bildern, die ganze Familie liebt es. Es ist ideal für wissenshungrige Kids, die wissen wollen, wie was wann funktioniert.*« - Witt

Jetzt bei Amazon erhältlich!

- ISBN 978-3-948577-06-3 (eBook)
- ISBN 978-3-948577-07-0 (Taschenbuch)
- www.signifant.de

BAND 3: 100 UNGLAUBLICHE FAKTEN FÜR COOLE KIDS

Noch mehr Lesespaß für dich! Band 3 führt die Reihe »Fakten für coole Kids« fort. Erlebe wieder einmal verblüffende und unterhaltende Fakten. Du erfährst die Antworten auf spannende Fragen wie

- Wie schnell entstehen Berge?
- Welches Lied wurde auf dem Mars gespielt?
- Warum gab es Katzen, die Post austrugen?

- Wie viele Bade-Enten schwimmen im Meer?
- Wie lagert man Eis in der Wüste?
- Welcher Sportler brach sechs Weltrekorde in einer Schulstunde?

Erfahre unglaubliche Fakten in den zehn Themenbereichen Sport, Weltraum, Mensch, Wissenschaft, unsere Welt, Geschichte, Schule, Sprache, Essen und Tiere.

Viele Bilder, eine einfache Sprache und kurze Texte machen das Buch auch für Lesemuffel zum Vergnügen. Mit großem Wissens-Quiz.

Kundenstimmen auf Amazon.de:

»Der Inhalt ist super interessant. Es gibt so viele Fakten, bei denen man denkt: ›wie cool ist das denn‹. Und am Ende gibt es noch ein Quiz. Mega empfehlenswert.« - Vale

»Habe dieses Buch für meinen Sohn gekauft. Er ist richtig begeistert, und ich selbst finde es unglaublich, was für spannendes Wissen darin steckt. Sehr empfehlenswert!« - Christian

Jetzt bei Amazon erhältlich!

- ISBN 978-3-948577-08-7 (eBook)
- ISBN 978-3-948577-09-4 (Taschenbuch)
- www.signifant.de

SPASS UND FREUDE AM EINMALEINS

Spaß und Freude am Einmaleins? Mit diesem Übungsheft wird es möglich! Mit mehr als 800 Aufgaben auf über 110 Seiten bietet das Übungsheft wochenlangen Lernspaß.

Schenken Sie Ihrem Kind Freude und Spaß am Einmaleins und gute Noten im Mathematik-Unterricht.

Ihr Kind lernt das Einmaleins wie im Einzelunterricht:

- Pädagogisch aufgebaute Einzelschritte bis zum vollständigen Einmaleins
- Sanfter Einstieg vom Plusrechnen zum Malrechnen
- Alle Themen des Unterrichts wie Kern-/Königsaufgaben, Verdoppeln, Halbieren und Quadratzahlen
- Geschicktes Multiplizieren mit Rechentricks, Tausch- und Nachbaraufgaben
- Behutsame Einführung in die Division mit den Themen Aufteilen, Verteilen, Halbieren und Umkehraufgaben
- Textaufgaben und Sachaufgaben
- Mit Einmaleinstafel und Einmaleinstabelle

Das Selbstlernheft ist in der Praxis erprobt, und die Übungen sind von Grundschullehrern empfohlen.

Kundenstimmen auf Amazon.de:

»Die Übungen sind interessant aufgebaut. Mit Bildern und Beispielen werden die Übungen Schritt für Schritt erklärt.« - Stefan Neumann

»Da meine kleine Prinzessin so ihre Probleme mit dem 1 x 1 hat, habe ich ihr dieses Buch geschenkt. Und jetzt hat sie sogar Spaß daran. Was bin ich froh, dass ich dieses Buch gefunden habe.« - C. M.

Jetzt bei Amazon erhältlich!

- ISBN 978-3-948577-22-3 (Taschenbuch)
- www.signifant.de

Printed by Amazon Italia Logistica S.r.l.
Torrazza Piemonte (TO), Italy

21949378R00080